井林たつのりのスマイルメッセージ

静岡県の活力再生プラン

衆議院議員
井林たつのり

はじめに

晩年に私に「帰ってきてほしい」と涙した祖母の想い

現在、自由民主党（以下、自民党）に対して、これまでにない厳しい風が吹いています。「政治とカネ」をめぐる問題で、自民党の対応は「真相究明に後ろ向き」「処分は身内に甘く恣《し》意《い》的」「再発防止策は小出しで後手」と受け止められ、政治不信は頂点に達しているからです。

国民の皆さんの怒りはもっともだと思います。そうした怒りを私たちは真摯に受け止め、自らを戒めていかなければいけません。そのためにはなぜ政治家を目指したのか、日本のために何をしたいと思ったのか――今こそ、その原点に立ち返る必要があると考え、私は本書の執筆を始めました。

私の実家は静岡県榛原郡《はいばらぐん》の川根本町《かわねほんちょう》にあるお茶農家で、私が継げば5代目となります。私は両親の仕事の関係で東京で生まれ育ちましたが、春休み、ゴールデンウィーク、夏休み、冬休みなど長期休暇には必ず静岡に帰省し、家の前の大井川で泳いだり釣りをしたり、竹馬に一日中乗っていたのも覚えています。

もちろん、農作業の手伝いもしました。お気に入りは2時間ほど歩いてワサビ沢に行くことです。

戦争で足を悪くした（と私は聞いています）祖父は、お茶のほか、シイタケやワサビを栽培していました。私が大きくなってから聞いた話だと、祖父は農業の天才だったそうです。実家の前にある畑で様々な野菜を作ったり、ハチの巣を採ってきてくれたこともありました。祖父は私たちが帰ってくると喜んでくれて、バーベキューをしてくれました。もちろん、炭は祖父が作ったものです。私はお肉が大好きで、お腹いっぱい食べられるバーベキューは楽しみだったのですが、本当によく夕立《ゆうだち》に合いました。急に雨が降ってきて、慌てて片付けたのもいい思い出です。

私はおばあちゃん子でもありました。とても甘えていたと思いますし、優しくしてもらいました。その祖母について、今も忘れられない思い出があります。それは私が高校生の頃の話で、すでに祖父は他界しており祖母は曾祖母と暮らしていました。私が実家の離れで勉強していると、祖母がやってきてこう言ったのです。

「おばあちゃんはここで頑張るから、辰憲《たつのり》は一生懸命に勉強して、将来偉くなって帰ってきてほしい」

祖母は、私の足をさすりながら涙ぐんでいました。その数年後、私が故郷に帰ってくるのを見ることなく他界しました。

当時の日本はバブル崩壊が確実なものとなり、大都市への一極集中が地方を疲弊させる現実がクローズアップされはじめた時代でした。私の故郷・川根本町も、その例外ではないというより、まさにその先頭を走っている状況でした。祖母は、自分が作り上げてきたもの、自分が大切に想っていたものが、途絶えてしまうのではないかと心配したのでしょう。額に汗して一生懸命働いてきた祖母が、なぜ人生の晩年で孫に「帰ってきてほしい」と涙ながらに足をさすらなければならなかったのでしょうか？　今も、この不条理な社会と自分自身の力不足に腹が立ちます。

静岡県の人口が減少している大きな理由

しかし現状はこの時よりもいっそう悪化しています。少子高齢化問題の余波を受け、静岡県の人口は２００５年の３７９万２３７７人をピークに減少を始め、２０２４年6月1日現在の推計値では３５３万２２０９人と、およそ20年間で26万人も減少しています。その大きな原因のひとつは、若者の県外転出が多いことです。

静岡県は東京圏と名古屋圏に挟まれているため、特に若者が流出しやすい位置にあります。さらに静岡県には、高校の卒業生よりも圧倒的に少ない数の大学・専門学校の定員しかありません。「高校卒業後、進学するなら県外」という感覚があるのもこのためです。それでも、県外で学んだ若者が大学卒業後に静岡県に戻ってきたり、県外から静岡の大学に入学した若者が大学卒業後も県内に残ってくれればいいのですが、彼ら彼女らの望む職場が少ないという問題もあります。

静岡県の産業構造は第二次産業（製造業）の割合が大きく、製造品出荷額は全国で4位に位置しています。企業売り上げのトップはスズキ株式会社で、ヤマハ発動機株式会社やヤマハ株式会社がこれに続きます。こうした製造業が静岡県を支え、静岡県のＧＤＰを全国10位に押し上げ〝モノづくり大国・静岡〟の地位を不動のものにしています。また、製造業を中心に新規の工業立地も盛んで、大学進学率が低い時代には全国から人を集めることで静岡県を成長させ、日本でも一、二を争う「雄県」へと飛躍させていきました。

一方で、金融やサービス業など、非製造業の誘致は進みませんでした。このため、大学を卒業した若者は、どうしても自分が希望する職が見つかりやすい東京や名古屋で就職を決めてしまい、静岡から出て行ったきり、戻ってこなかったりしたことも現実です。この傾向は、大学進学率が高まるにつれて深刻な課題になっていきました。特に女性の場合は顕著です。

製造業で豊かになり人口も増えましたが、大学進学などの社会構造の変化に産業構造の変化が追いつかず、今では製造業は海外人材が支え、若者はより県外へと流出し、静岡県の人口減少は日本でも有数のスピードになってしまっています。

もちろん職業選択の自由、居住移転の自由は憲法で保障された権利であり何よりも尊重されるべきです。また、社会が豊かになり大学進学率が上がることも良いことです。しかし、多くの若くて優秀な人材の多くを県外に放出してしまっては、静岡県の将来はありません。

これは、今の日本にも同じことが言えます。優秀な人材が海外へ出て行って、活躍していますが、彼らの能力と意欲を満たす職場が少ない裏返しと言えます。新たな産業を創造し、若くて優秀な人材がその能力を発揮できる社会環境を整えていかなければなりません。

静岡にこそ、私が政治家を志した原点がある

私は持続的なふるさと、持続的な日本、持続的な地球をつくるために、京都大学で環境工学を専攻しました。

大学生の頃に、実家の近くの長島ダムを見て、「こんな大きなものを自分も造りたい」と夢を抱きました。また、ダム建設に歩調を合わせるように道路整備が一気に進み、実家から千頭《せんず》駅まで曲がりくねった山道を進むのに30分ほどかかっていたのに、完成したまっすぐな道だと10分程度で着くようになりました。そのころ祖母が「医療医療と言っても、大きな病院が近くにできるわけじゃない。医療は道路だ」と言っていた言葉が今も脳裏に深く刻み込まれています。

そんな想いを持って、私は国土交通省に入りました。

国土交通省で働いている時の上司に「国土交通省の現場で働く建設や運輸の人たちは、全員が望んでこの仕事に就いたわけではない。進学したくても様々な事情でできなかった人も大勢いると思う。でも、そうした人たちでも現場で一生懸命働けば、望めば結婚ができて、望めば子どもが持てて、子どもが望むだけの教育を受けさせることができて、退職する時には小さくても一軒の家が残り、ささやかな暮らしを支えることができるだけの年金をもらうことができる。そんな業界を作っていきたい。それが我々の仕事だ」と言われたのは心に響いています。

あと成人してから母親に聞いたのですが、小学1年生の時は給食費免除だったそうです。

「そう言われてみれば、そうかな?」と思い返すことや出来事があります。でも、私は両親からの慈愛を受け、そんな両親も努力して働いてくれて、中学校から私立校に入れて、京都大学という素晴らしい大学・大学院に進むことができて、学生時代を通じて素晴らしい仲間に出会うこともできました。また、国土交通省でも働かせていただきました。そして今、政治家として日本のために、静岡のために、故郷のために働かせていただいています。

私自身、自分のために努力をしてきたつもりです。さらに、チャンスを掴む幾ばくかの幸運に恵まれたことと、人生を助けてくれる仲間や指導者の存在はとても大きかったです。しかし今の日本で、学校給食費免除の小学一年生に、持てる能力を発揮でき、望む人生を送る将来は描けているでしょうか? 残念ながらそうではないと思います。一人ひとりの能力を十分に発揮して、一人ひとりが望む人生を送れる社会を作り上げていかなければなりません。

永田町での議論は時として権力争いや利害調整の側面が色濃くなります。そんな時、私は故郷に戻り、集落が見渡せる高台から、山間の中にある景色や山々から立ち上る山霧を眺めるようにしています。そうすると心が洗われ、初心を取り戻すことができるからです。

故郷の自然を守りたい、そして故郷の皆さんの生活が安定していくように努め、これからも笑顔あふれる元気な故郷が続いていくよう、そしてそれが、日本全国で実現するように――。

私は一生懸命頑張りたい。おばあちゃんとの約束を果たすために。

Contents

はじめに …… 2

長屋信博氏 全国漁業協同組合連合会　専務 …… 11

永野繁登氏 保育推進連盟　副会長（当時） …… 25

入谷　誠氏 全日本交通安全協会　専務理事 …… 39

岡本佳郎氏 日本酒造組合中央会　副会長（当時） …… 55

多田計介氏 全国旅館ホテル生活衛生同業組合連合会　会長 …… 71

金内光信氏 全日本美容業生活衛生同業組合連合会　副理事長（当時） …… 85

川鍋一朗氏 一般社団法人全国ハイヤー・タクシー連合会　会長 …… 99

佐々木洋平氏 一般社団法人大日本猟友会　会長 …… 115

島田泰助氏 一般社団法人日本木材組合連合会　副会長 …… 129

長津雅則氏　公益社団法人日本薬剤師会　常務理事……143
伊東明彦氏　一般社団法人全国生活衛生同業組合中央会　専務理事……157
木場宣行氏　自動車整備振興会連合会　専務理事……169
園山和夫氏　公益社団法人日本グラウンド・ゴルフ協会　会長……183
阿部恭久氏　全日本遊技事業協同組合連合会　理事長……195
今村　聡氏　公益社団法人日本医師会　副会長（当時）……207
井上幸子氏　日本栄養士連盟　会長……219
末武　晃氏　全国郵便局長会　会長……229
神出元一氏　全国農業協同組合連合会　代表理事理事長（当時）……239
おわりに……251

※出演者の肩書きは放送当時のものとなります

Tatsunori Ibayashi

井林たつのり（井林辰憲）

1976年7月18日生まれ。静岡県榛原(はいばら)郡川根本町出身。実家は5代続くお茶農家。京都大学工学部に進学し同大学院修了後、2002年国土交通省に入省。2010年6月、中部地方整備局地域道路課長を退官し、自由民主党静岡県連の公募に応募して合格。2012年の衆院選で静岡2区から出馬し、10万8510票を得て初当選。以降、4期連続当選。2016年8月に環境大臣政務官、内閣府大臣政務官（原子力防災担当）、2023年9月内閣府副大臣（経済財政·金融等担当）を拝命。静岡県サッカー協会中西部支部会長も務める。

Smile Message

guest

長屋《ながや》信博《のぶひろ》氏

全国漁業協同組合連合会　専務

2017.3.29, 4.5, 4.19

日本の漁業を支える全漁連

（２０１７年３月29日放送）

井林　おはようございます。井林たつのりのスマイルメッセージです。今回からはいろんな全国団体の役員や職員の方に様々な分野にわたって、静岡県がどのように見えているのかをお話しいただこうと思っています。第1回目は全国漁業協同組合連合会の長屋信博代表理事専務にお越しいただきました。漁業者の代表の団体ということで、長屋さん、よろしくお願いします。

長屋氏（以下、敬称略）　よろしくお願いします。

井林　静岡県では漁業が盛んです。私の選挙区である静岡2区には、焼津港がありますし、島田市には一級河川の大井川が流れ、一部の地域では養鰻《ようまん》なども行われています。漁業が重要な産業だと思っていらっしゃる県民の方も少なくありません。そこで長屋さんには、全国漁業協同組合連合会の取り組みや、主として行われている事業、及び長屋さんが特に留意されていることについてお伺いしたいと思います。

長屋　はい。私どもJF全漁連とは、全国で960ほどある各浜のJF（漁業協同組合）やその都道府県での連合会、および信用漁業協同組合連合会を会員とした組織です。一番の課題は、水産資源の減少や消費の減少の問題です。加えて高齢化によって漁業を支える力が減少し、資源を有効に活用する力が衰えているという問題意識も持っています。これに対してどういうふうに取り組んでいくのかというのが課題です。高齢化による問題はふたつあります。まずは若い人たちに参入してもらうために漁業を魅力的な産業にしていかなければならないことです。さらに漁船の高齢化問題もあります。以前なら、15年か20年で新しい漁船を造っていましたが、現在では30年や40年もたった漁船を未だに使い、作業の効率が非常に悪くなっています。これをどういうふうにして、新しく効率の良い体制に建て直していくか。それがふたつめの高齢化問題です。

漁業所得を10％増に「浜の活力再生プラン」

長屋　これらに対応するために、私どもは「浜の活力再生プラン」の策定と実践に取り組んでいます。沿岸漁業では地域によって獲れる魚も違いますし、漁獲方法も異なります。また背後の条件も異なり、売り方もそれぞれ違っているわけですから、各浜の実態を踏まえて、どうやったら地域全体の所得が上がるのかという取り組みを漁業者自身が考え、実践しているというものです。

井林　先ほど「漁船を30年も40年も使う」とおっしゃいましたが、漁船はどのくらいもつものなんですか。

長屋　沿岸ではFRP（プラスティック）を使った漁船が開発され、船体は相当もつようになりました。

おそらく50年でも60年でも大丈夫ではないでしょうか。また漁撈《ぎょろう》や探索の機械なども、新しいものがどんどん出てきていますので、漁船の効率性を高めることも必要ですね。

井林　これまで鉄製のイメージの船が、今はプラスティック製でさらに丈夫だというわけですね。また漁業技術なども大きな変化ですね。そして「浜の活力再生プラン」を作り、それぞれの地域からアイデアを出して計画を練るということですが、進捗状況はいかがですか。

長屋　全国で650ほど浜があり、それぞれが活力再生プランを作っていますが、そのうち600近くの地域プランが国の認定を受けて、もう実践段階にあります。目標としては、地域全体の漁業所得を今後5年で10%上げていくというのを掲げています。そのために大きく分けてふたつの取り組みが必要です。ひとつは生産性を上げてコストを下げることです。そしてもうひとつは鮮度を維持する技術、または加工の新しい展開でもって販路を広げ、収益性を上げていくことです。もっともコスト削減については相当進めてきていますので、むしろ売り方や、もっと消費者の方々に受け入れられるものを作るべきといった取り組みが主なものになっています。

井林　それでは各浜がどういう取り組みをしているのかという「浜の活力再生プラン」の内容は、私たちでも見ることができるのですか。

長屋　「浜の活力再生プラン」というサイトがあります。これは一般の方々に見ていただけるのと同時に、各浜が「他の地域では何をしているのか」と、互いに参考にできるのではないかと期待しております。

井林　ふるさと納税での返礼品として魚を選ぶ参考にも利用できますね。こんなに新鮮な魚ならぜひ食べたいとか考えながら、サイトの写真を眺めてもいいですね。次回は「漁業所得を10％増やす」という課題についてお伺いします。長屋さん、ありがとうございました。

長屋　ありがとうございました。

静岡県は日本を代表する漁業県

（2017年4月5日放送）

井林　おはようございます。井林たつのりのスマイルメッセージです。前回に引き続き、全国漁業協同組合連合会の長屋信博代表理事専務にお話を伺います。長屋さん、よろしくお願いします。

長屋　よろしくお願いします。

井林　前回は全国の漁港が「浜の活力再生プラン」に取り組み、全体として今後5年で漁業所得を10％増やすという目標をお伺いしました。今回は長屋さんが静岡県に対して持っておられるイメージについてお伺いしたいと思います。

長屋　はい。静岡県は日本で1、2を争う大きな水産県という位置づけです。これは昔から変わっていません。焼津漁港は、水揚げ量も金額も2015年では国内第2位です。ただ過去と比べると、だいぶ変化しているところもあります。一番の印象は、昔から焼津港はカツオ漁が盛んでしたが、漁場をどんどん拡大していって、世界の海に漕ぎ出していく遠洋漁業の基地として、静岡が発展していけばと思います。しかし1977年以降、世界的に200海里体制が定着し、我が国においても「漁業水域に関する暫定措置法」が施行され、遠洋漁業をとりまく環境は非常に厳しくなりました。静岡県というのは、多種多様な魚が獲れるのです。これを活用してどのように収益に結び付けるのかを、前回お話しした「浜の活力再生プラン」に基づいて行っているところです。たとえば焼津の小川港では、5年ほど前から農協さんや生協さんと一緒に「メンチコロッケ」という製品を開発し、サバ祭りなどで売り出しました。獲れた魚をそのままというよりも、加工して付加価値を付ける。消費者が求めているものを開発していくことが大事だと思っています。小川では、サバの活魚出荷の他、これまでサバ節にしてきたゴマサバももっと高い価格が付くような売り方をしていく。また焼津では漁船の更新の事業を活用しながら、より効率的な生産体制を作りあげることに尽力しています。

井林　小川ではサバが獲れるのですが、サバにはマサバとゴマサバの2種類あることをご存知の方は少ないでしょう。マサバの方が高級で、ゴマサバの方がお値段がリーズナブルですよね。

長屋　そうですね。

井林　私はマサバもゴマサバも両方食べますが、どちらも美味しい。それぞれの楽しみ方もあると思いますので、食べ方についてはお店の方に聞いてもらえたらと思います。静岡県に対する印象を港を例にしてお話しいただきましたが、県全体のイメージはどうですか。相模湾があって、駿河湾があって、遠洋漁業もあるということなんですが……。

個性と魅力のある各浜

長屋　まさに全国の縮図ですね。浜ごとに環境も違えば、獲れる魚も違う。そういうことをしっかり踏まえて、10年、20年先を見て、どうやれば消費者の方々に本当に美味しく安全な魚を届けられるのか、そういう努力を始めていくべきだと思います。たとえば伊豆のキンメダイです。今ではもうすっかり有名ですが、昔はそれほど高く評価されず、名前も知られていませんでした。それを改良できたのは、やはり食べ方の提案や鮮度の維持の仕方の改良など、地域ごとに競い合った結果ですね。そういうチャンスのある魚は、静岡にはたくさんあると思います。

井林　確かにそうですね。キンメダイは今ではすっかり有名ですし、ご馳走のイメージですが、昔はそんなイメージはありませんでした。他に成功例はありますか。

長屋　大井川ではサクラエビとシラスが有名ですが、これに加えてハダカイワシですね。これを大いに〝出世〟させようと、食べ方などを提案しています。兵庫県では養殖のエサくらいにしかならなかったイカナゴが、阪神大震災以降、震災のお礼として「イカナゴのくぎ煮」が配布されて全国的に有名になり、値段が何十倍にも跳ね上がりました。そういう意味ではイカナゴは、非常に価値を上げた魚です。

井林　では、ハダカイワシもイカナゴに倣って、全国的知名度を上げていかなければなりませんね。静岡が水産王国と言われるのは、一部には養殖もありますが、天然の魚を獲って食べているところが多いので、なおさら漁業が盛んなのでしょうね。本日のゲストは全日本漁業協同組合連合会の長屋信博代表専務理事でした。長屋さん、次回もよろしくお願いします。

〝プライドフィッシュ〟とは

（２０１７年４月19日放送）

井林　おはようございます。井林たつのりのスマイルメッセージです。前々回、前回に引き続き、全国漁業協同組合連合会の長屋信博代表理事専務にお越しいただき、お話を伺っております。長屋さん、どうぞよろしくお願いします。

長屋　よろしくお願いします。ありがとうございます。

井林　前回までに全体的な漁業、そして静岡県の漁業について伺いました。たとえばキンメダイや、私の地元ではハダカイワシに力を入れているということですが、もうひとつの取り組みとして〝プライドフィッシュ〟というのがありますね。

長屋　皆さんにはぜひ、この〝プライドフィッシュ〟のサイトを検索していただきたいのです。魚は身体にいいし、ものすごく美味しい。それをお伝えしようという試みです。今晩のおかずをお考えになる時に、役立つ情報提供を行っております。まずは魚にも旬があります。どういう時期にどういう魚を食べたら一番美味しいのか。その調理方法も含めて一番よく知っているのは漁業者自身ですから、たとえば静岡県でしたら春には浜名湖のアサリを食べてもらいたい、夏はシラスがおすすめというように、季節ごとにどこに行ったら新鮮な旬の魚を食べることができるのかがわかる内容になっています。

井林　漁師の皆さんがプライドをもって「食べてもらいたい」とおすすめするサイトですね。

伊豆の「金の出汁茶漬け」がグランプリ受賞

井林　その〝プライドフィッシュ〟の第1回目のグランプリを受賞したのは我が静岡県なのですが、どんな料理だったのでしょうか。

長屋　それは、伊豆のキンメダイを使ったお茶漬けで、「金の出汁茶漬け」という名前です。全国の料理コンテストで勝ち抜いて、グランプリに輝いたのです。

井林　そのコンテストはどこで行われたのですか。

長屋　東京で行いました。

井林　東京で行ったコンテストで静岡県がグランプリを獲るというのはすごいですね。これまで〝プライドフィッシュ〟選手権は何回行われているのですか。

長屋　昨年11月には第3回コンテストを行いました。その時は伊東の「いとうナゲット」、魚を使ったナゲットというのが、もうひとつの水産庁を中心として行っている「ファストフィッシュ」のコンテストでグランプリを獲りました。

井林　魚というと、内臓が処理しにくかったり、骨があって食べるのが面倒だったりしますが、そうではなく簡単に食べられる加工品もあると、ナゲットが注目されたのですね。こういうコンテストは毎年続くのですか。

長屋　もちろん、毎年続けていこうと思っています。

井林　そうすれば、東京でも静岡のものがいろいろグランプリを獲れて、宣伝にもなりますね。頑張っていただきたいと思いますが、この〝プライドフィッシュ〟では、魚の旬を決めたきっかけがあるとお伺いしたのですが、それをご紹介いただけませんか。

長屋　たとえば明石の鯛は有名ですね。兵庫県の漁連会長と全漁連の会議で話している時に、私の方から「明石の鯛といっても、一年中美味しいわけではないですよね」と恐る恐る質問してみたのです。てっきり怒られると思ったら、その会長さんは、「明石の鯛が美味しいのは〝桜鯛〟という春の季節と〝紅葉鯛〟という秋の季節。これらの時期が一番美味しいので、この季節に食べてもらえるように情報を流してもらいたい」と言われました。

マグロ漁への取り組み

井林　やはり魚を一番よく知っている地元の人が、「美味しい」と思っているものを食べるのが正解ですね。「魚の美味しさ再発見」というような取り組みもされているわけですね。また静岡では本マグロ、正確にはクロマグロといわれるマグロの数が相当減っているという問題があります。そこで世界的な規制を含めて漁獲量を制限する対策を行ってきたのですが、最近は状況が変わりつつあるようです。そのあたりをお話しいただけるでしょうか。

長屋　クロマグロは世界中を大きく回遊しますので、もちろん日本国内での管理は必要なのですが、国際的に管理することが重要です。特に熱帯域では巻き網船と呼ばれるもので、クロマグロを相当大規模に漁獲しています。こうしたものを国際規制として管理しなくてはいけないということで、日本近海についてはＷＣＰＦＣという組織があります。

井林　プロレスの組織じゃないですよね(笑)。

長屋　国際的な機関を設置して、いろんな資源調査に基づいて管理していく仕組みです。今日本近海では、30キロ未満の小さなマグロについて全体の量を規制し、４００７トンしか漁獲できません。

もっともマグロは巻き網漁法や定置網漁法などいろんな漁法で獲ります。また大きな船で遠洋まで行って獲ることもありますし、沿岸で獲ることもあります。いちばん苦労しているのは、世界的な決めごとを守らなければならないことです。例えば、定置網ではマグロだけを獲らないようにすることは難しく、マグロの制限を守るために定置網の漁自体を止めなくてはならなくなります。そういうことで、これからマグロの管理をどうやっていくかということが、これからの大きな問題になるのではないでしょうか。

井林　本当にマグロは世界をグルングルンと回り、南半球までグルグルと泳ぎ回っています。日本でマグロを保護するために獲らないようにしようとしたら、ありがたいことに近海ではその数が増えてきた。増えても釣らなければいいのですが、しかしマグロが勝手に定置網に入ってしまうと制限値を超えてしまう——そういう問題があるということですね。

長屋　そうですね。

井林　逆にいえば、減ってきた資源が増えてきたという嬉しい悩みということにもなりますね。漁業従事者の方には大変だと思いますが、皆さんの食卓にクロマグロが並ぶ日も近いのではないかと明るく捉えています。もっともそれまで国際的な決めごとなので、様々な制約もあるでしょう。頑張っていただきたいと思います。では全国の漁業団体をとりまとめている団体として、静岡の漁業従事者の方や販売店舗の方、またはおさかな大好きの消費者の皆さんへ、メッセージをお願いします。

長屋　井林先生をはじめとして日本政府は、国の方針として日本の水産業を復活させるというメッセージを3年ほど前に示していただきました。日本はかつて、世界一の漁獲量を誇っていました。ですからもう一度、世界で一番安全で美味しい魚をリーズナブルな価格で提供できる体制を作り上げていきたいと思います。それが日本の水産業の復活であり、静岡の水産業従事者さんにはその先頭にたってこの取り組みを進めていただきたいと思います。

井林　ありがとうございます。5年後には10%の所得が増えるというのを最大の目標に、そして多くの皆さんに魚を食べていただけるように頑張ります。井林たつのりのスマイルメッセージは、3回にわたって全国漁業協同組合連合会の長屋信博代表理事専務にご出演いただきました。長屋さん、ありがとうございました。

guest

永野繁登《ながのしげと》氏

保育推進連盟　副会長（当時）

2017.8.30, 9.6, 9.20

待機児童問題や保育士不足問題に取り組む

（2017年8月30日放送）

井林　おはようございます。井林たつのりのスマイルメッセージです。今日のゲストは全国保育推進連盟（放送当時は保育推進連盟。以下同じ）の永野繁登副会長です。それでは永野さん、本日はお越しいただきありがとうございます。まずは保育推進連盟についてお話しいただけませんでしょうか。

永野氏（以下、敬称略）　保育団体はそれぞれカラーがあって、一緒にやるのはなかなか難しい。実際に「日本保育協会」とは2009年に自民党が下野した時、厚労省が政権政党である民主党に寄ってしまったので、それぞれ独立してやることになりました。

井林　とはいえ、政治については一緒に働きかけることも大事ですね。一方で団体の中のいろんな考えもある。それだけ保育というのは難しいということでしょうね。では保育推進連盟さんが、今団体として取り組まれていること、重点的に取り組まれていることについて教えていただけませんでしょうか。

永野　これは私どもの団体だけではなく、保育業界全体としての問題ですが、一番は待機児童の問題です。それから保育士不足の問題。このふたつが一番大きな問題です。これらをなんとか解決すべく、自民党さんと協力し、改善の方向に向かっています。保育士の待遇もかなり良くなっていますし、待機児童解消もプランの通りにやっていただいております。ただこれで終わりではなく、まだまだ問題が残っています。そもそも保育士や保育園が不足する原因は、日本の労働政策の問題なのです。女性が欧米並みに働く社会を作ろうとするのなら、当然子どもたちを預ける場所が必要になりますが、保育政策がそれに追いついていません。そういう意味でこの問題は、まだまだ残っていくだろうと思っています。

保育園さえ作ればいいわけではない

井林　待機児童の解消というと、まずは保育園を建設すべきということになりますが、それだけでは足りません。先ほど永野さんがおっしゃった通り、子どもを世話する保育士さんも必要で、保育士不足が大きな問題になっています。どうなんでしょうね、最近の保育の状況として、0歳から1歳までの子どもが多いのか、それとも3歳から4歳くらいの子どもが多いのでしょうか。

永野　3歳から5歳までの子どもは、幼稚園と重なるところがあります。全国的に見ると、幼稚園はまだ定員に余裕があります。ですから幼稚園と一緒になれば、3歳から5歳まではなんとかやっていけると思います。問題は、待機児童の8割は1歳から2歳に集中しています。もうひとつは、待機児童が特定の都市部に集中していることです。全国で1700ほどの市町村があるのですが、そのうち東京や大阪の50くらいの自治体に、待機児童の8割が集中している現状です。

井林　そうすると、待機児童の問題がよくニュースで報道されますが、その多くが1歳から2歳、そして場所的には東京や大阪などの都市部に集中しているということですね。永野さんがおっしゃる通り、私の地元でももう少し保育園がほしいという話もありますが、保育士さん不足の問題とも相まって、なかなか新設されるということになっていませんね。逆に言えば待機児童問題は大きな社会問題であるのに、地方都市では深刻視されていないということなのでしょうか。

永野　静岡が地方都市かどうかはわかりませんが、静岡にも500人以上の待機児童がいます。そのほとんどが1歳から2歳児です。これを解決するためには、新しい箱（保育園）を作ればいいという問題ではありません。厚労省が認めているのは、部屋の広さなどの基準さえ満たせば、保育園は定員の2割増で子どもを引き受けていいというやり方です。ですが、静岡の場合はおそらく、保育士不足が原因でしょう。

井林　ということは、今でも静岡では定員の2割増によって待機児童を吸収できるかもしれない。しかし保育士さん不足のため、残念ながら県内各地で待機児童問題で悩む親御さんがいらっしゃるというわけですね。要するに保育園の不足は都市部の問題で、保育士不足は全国的な問題なのですね。

永野　おっしゃる通りです。

井林　それでは次の回では「保育士不足」についてお話をお伺いしたいと思います。今回の井林たつのりのスマイルメッセージは、保育推進連盟副会長の永野繁登さんにお越しいただきました。永野さん、次回もよろしくお願いします。

保育士の待遇改善が急務

（2017年9月6日放送）

井林　おはようございます。井林たつのりのスマイルメッセージです。今日も前回に引き続き、全国保育推進連盟副会長の永野繁登さんにおいでいただいております。永野さん、どうぞよろしくお願いします。

永野　よろしくお願いします。

井林　ちなみに本日9月6日の午後6時20分から、ホテルアソシアで日本保育協会の静岡大会が開催されることになっていまして、本当にたまたまとはいえ、すごいタイミングですね。さて前回では保育に従事していらっしゃる方々にとって、待機児童が大きな問題になっており、静岡県では500人以上の待機児童がいるということをお伺いしました。その大きな原因は、保育園が足りないのではなく、残念ながら保育士不足のために受け入れられない子どもたちがいるのだという実情についてお話しいただきました。それではこの保育士不足について、保育推進連盟さんが取り組まれている内容について、教えていただけませんでしょうか。

永野　まずは自民党の中の保育関係の議員連盟がありますが、それに参加している議員の皆さんにお願いします。そうやって保育関係の議員連盟を通じて、厚労省に働きかけてもらうとか、あるいは今の政府の中でも、たとえば加藤勝信さんなどが保育問題に取り組んでおられます。また「1億総活躍」の中でも保育士の待遇の問題などに力を入れていただいています。

井林　保育士の処遇といいますと、2012年に自民党が政権を奪還して以来、もう4回目になるのでしょうか。保育士さんの給料をこつこつ上げてきました。これは賃上げというのでしょうか、処遇改善というのでしょうか。政権交代からやっと給料を10％上げることができました。これは民間ベースよりも多少早いのではないでしょうか。

安倍政権で保育士の処遇は改善した

永野　そうですね。早いです。実は自民党が政権奪還する前の民主党政権時には、保育士の給料は下がったのですよ。全国平均で21万円くらいまでに落ち込んだのです。安倍晋三政権になった平成25年からまず処遇改善などで3万円アップし、結局平成29年までに給与は10％ほど上がりました。その上で「1億総活躍」で経験のある保育士さんには4万円アップし、経験が3年ほどの人には5000円アップしようということになったのです。問題は新たに保育士になる人の処遇です。新たに保育士になる人は他の企業に比べると処遇が良くないのです。そういうところをもう少し厚くするなど、重点的に行う必要があると思います。

井林　お話を整理すると、政権交代前の保育士さんの給料は21万円くらいだった。それが自民党政権になって10％上げた上で、今年4月から、これに加えて長く保育に従事している経験者には月4万円アップし、経験3年目で月5000円アップしているということですね。また保育士になる時には、他の職業と比べても遜色のない待遇が必要ですね。

永野　保育士という職業は、小学生や中学生の女性にはものすごく人気があるのです。しかし現実に短大や専門学校を卒業する時に、待遇面で諦めるということが多い。養成校の卒業生の半分くらいしか保育士になっていないのです。

井林　その卒業生の7割から8割くらいの人が保育士さんになってくれるようになれば、待機児童の問題は一気に解決していきませんか。そのためには他の仕事と比べても遜色のない、良い給料をもらえるということが必要ですね。

永野　給料が他の業種と同じレベルなら、保育士になりたい人は多いはずです。それともうひとつ、勤務時間の問題です。保育園でも幼稚園でも、朝に子どもさんを預かりますが、幼稚園の場合には預かる時間は4時間なので、幼稚園の先生は勤務時間の残りの4時間で、資材を作ったりすることが可能です。しかし保育園では子どもさんを8時間フルに預かります。しかも夏休みも冬休みもありません。研修を受けたり、自己研鑽する時間すらないのです。だから保育士は、他のどの職種よりも忙しいと思います。さらに職員配置も考えていかなければならない問題です。今度の「保育士給与月額4万円アップ」の条件として研修を受けることになっているのですが、まずは実際にきちんと研修を受けられる環境を作っていただきたいと思います。

働き方にゆとりを

永野　「月額4万円アップ」のためには、4科目を研修しなければならないのですが、現行では保育士には年に3日間しか研修時間が与えられていません。3日間だと、いくら頑張っても1年に1科目受験するだけで終わってしまうのです。ですから、きちんと4科目の研修を受けられる勤務体制を作っていくことが必要です。

井林　要するに、給与を月額4万円上げるためには、保育士さんは4科目の研修を受けなければならない。しかし現場を見ると、頑張っても1年に1科目しか受験できず、4年かかってしまう。だから、もっと短い時間でいっぱい研修を受けられて、自己研鑽、スキルアップができるようになればということですね。実際、保育士さんは確かにフルタイムで子どもたちと接しているから、お遊戯や歌の練習など教育資材を作ったり、部屋を片付けるなどの時間すら取りにくいということですね。

永野　1年目の保育士さんに「仕事はきついですか」と聞いてみたら、まず100％が「きつい」と言いますね。私には言いにくいだろうなと思っていましたが、遠慮なく言ってきます。

井林 現在の法律では1歳児を担当する場合、保育士さん1人に配置される子どもの数は6人までとされていますが、もう少しゆとりをもって研修ができるようにすべきですね。

永野 政府もそういうふうに考えています。たとえば電算を使って、簡単に記録することにしています。もっともなかなかデータは使えませんが。それから、資格のない人でも補助に入ってもらうとか。これはありがたいことです。だから我々が声を出していけば、自民党政府はやってくれると思っています。

井林 保育園の現場では、ただ不足している保育士さんをなんとかすればいいという問題ではないのですね。当たり前といえば当たり前の話なのですが、改めて聞いてみると、目からうろこが落ちる思いです。さて、保育推進連盟の永野さんには、次回もお話をお聞きします。

「静岡に行きたい」と言った長男

（2017年9月20日放送）

井林 おはようございます。井林たつのりのスマイルメッセージです。前々回、前回に引き続き、今回のゲストも全国保育推進連盟副会長の永野繁登さんです。前回までは保育の全国的な問題について大いに盛り上がったところですが、今回はこの「スマイルメッセージ」を聞いていただいている島田市を中心とした静岡県について、永野さんの静岡県に対する印象や、心に残る出来事などをお話しいただけますでしょうか。

永野　個人的な話で申し訳ありませんが、今から30年ほど前、私の長男が小学校を卒業した時です。卒業記念として行きたいところがあるのなら、自分で計画しろ、どこへでも連れていってやると言ったんです。そうしたら息子は、「静岡に行きたい」と答えたのです。

井林　ほう、ありがたいですね。

永野　富士山でも登りたいのかなと思っていたら……。この番組は企業名を言ってもいいのですか。

井林　大丈夫ですよ、どうぞ。

永野　タミヤ模型（株式会社タミヤ）に行きたいと。模型のメーカーでは世界一らしいですね。

井林　静岡市にある会社ですね。

長男ひとりのために、タミヤ模型の工場長が案内してくれた

永野　あれが見たいと言うのです。長男は自分で旅行会社に行き、ひとりで手配しました。もっとも小学生では相手にされないかもしれないから、私が遠くから見ていましたが。そしてタミヤ模型に

行って、登呂遺跡に行って、近くにトロッコ列車が通っていると聞いたので、それにも乗りたいと。長男はそうした旅程を自分で作りました。タミヤ模型に行ったら、私は玄関で待っていたのですが、工場長さんが長男ひとりにつきっきりで、ずっと案内してくれたのです。本当に素晴らしくて感激しました。

井林　素晴らしいですね。

永野　それから金谷《かなや》、千頭《せんず》に行って、トロッコ列車に乗って接岨峡《せっそきょう》温泉に行って、それから寸又峡《すまたきょう》ですね。ここも温泉地で良いなあと思いましたけど、景色がまた素晴らしいものでした。そういうのを全部、長男が調べて旅行計画を作成したのですよ。本当に楽しかった。そういういい思い出があります。

井林　この番組をお送りしていますFM島田というのは、その金谷から電車で登っていったあたりにありまして、永野さんがご子息と旅行されたのはまさにこの放送エリアの中にあるんですよ。奇遇ですねえ。

永野　そうですねえ。線路からすぐのところにお茶畑があって、印象的でしたね。

井林　今でも茶畑がありますねえ。

永野　30年も前ですけどね。

井林　そうですか。ご子息は小学生なのに、わざわざ「静岡が良い」と言われたんですね。

永野　そうです。自分から言い出しました。そもそも私はタミヤ模型を知らなかったんですが、息子が「この会社は世界一なんだ」と教えてくれました。

井林　そうなんですよ、タミヤ模型は今でも、プラモデルでは世界一の模型の会社ですよ。小学生がひとりで行って、案内してくれる工場長も素晴らしいですよね。そういうサービス精神がある会社だからこそ、業績が伸びて世界一になるんでしょうね。

永野　なるほど、そうかもしれませんね。

井林　他に静岡のイメージというと、何がありますか。

永野　横浜と名古屋の間にあるということでしょうか。そして自然が豊かですよね。日本一の富士山があったり、日本一の温泉地帯があったり、またカツオ漁の焼津港もそうですね。やはり自然が素晴らしい。美味しい食べ物も自然から生まれてきますし。

井林　いやあ、すごいですね。静岡の地名をどんどん出していただいて。この放送を聞いているリスナーさんたちもきっと、本当にうれしく思っていますよ。さて静岡というと、保育もとても頑張っていますが、先ほどおっしゃいました「保育士不足」も深刻な問題となっています。保育園を増やすよりも定員を増やさなくてはならず、そのためには保育士さんの給料を増やすことが必要です。現実には保育士養成の学校を出た人たちの半分くらいしか保育業界に就職しませんが、待遇を改善すれば保育士さんになる人も増えてくる。そういうことをお話しいただいたわけですが、国だけではなく、県や市町村も取り組むべき問題ですね。

永野　これは市町村の問題ですからね。

井林　もともと保育は市町村の責任でやっていくもので、それを国が支援しているということですね。だからこそ、国との連携が必要です。ちょうどこの放送局の近くでは、来年度の認定子ども園の設置に向けて、全力で進めているところです。そうやって待機児童解消に向けていきたいと思いますので、永野さんにはいろんな面でサポートいただければと思います。最後に静岡県の皆さんに向けてのメッセージをいただけますでしょうか。

永野　メッセージといいますか、静岡の人は幸せを感じなければもったいないですよ。これだけ豊かな自然があって、食べ物も美味しく、名古屋や横浜のような大都市に比べると騒々しくもない、こんなところに住めるのは本当に素晴らしいことですよ。私はちょっと旅行しただけでもすごいなあと思ったのですから、静岡の方はそれを実感していただかないともったいないなあと思います。それしかないです。

井林　灯台もと暗しということでしょうか。住んでいると確かにありがたいのですが、やはり外から見ると、素晴らしさが実感できるのですね。私も素晴らしいところだと思って、日々先人たちに感謝をしながら、過ごしていきたいと思っています。井林たつのりのスマイルメッセージでは、3回にわたって保育をテーマにして、全国保育推進連盟の永野繁登副会長にご出演いただき、お話しいただきました。永野さん、ありがとうございました。

guest

入谷誠《いりたにまこと》氏

全日本交通安全協会　専務理事

2022.11.30, 12.7, 12.21

交通事故を防止し、交通ルール順守を呼びかける

（2022年11月30日放送）

井林　おはようございます。井林たつのりのスマイルメッセージです。本日のゲストは一般財団法人全日本交通安全協会の入谷誠専務です。入谷さん、どうぞよろしくお願いします。

入谷氏（以下、敬称略）　よろしくお願いします。

井林　それではまず、この全日本交通安全協会はどういう団体なのですか。交通の危険防止のため、皆さんに交通安全についての意識を持っていただき、交通ルールを守りながら道路を通行するという意味だと考えればいいでしょうか。

入谷　そうですね。一般財団法人全日本交通安全協会は、交通の危険防止のため、交通道徳の普及や高揚を図り、もって交通秩序の確立と交通安全の実現に寄与することを目的として、1961年に財団法人として設立されました（注：2013年より一般財団法人）。要するに、交通ルールを守り安全な通行をしていくことを呼びかけ、交通安全意識を高めていただくための活動を行う団体です。そして実際にやっていることといえば、交通安全思想の普及・啓発や、交通安全教育指導者の育成、そして交通安全表彰などの活動です。

井林　春の交通安全運動や秋の交通安全運動もそうですね。このラジオのリスナーさんも、車を運転

されている方も多いと思いますが、道路脇で旗を振っている方を見かけることもある。そういう活動をしている団体と認識すればいいのですね。

入谷　それも静岡県など各地にある交通安全協会の活動の一部です。全国交通安全運動は内閣府等が行っていますが、私どもは共催団体として参加させていただいております。

井林　一般財団法人全日本交通安全協会は昭和36年に作られたということですが、いったいどういう経緯で作られたのでしょうか。

入谷　戦後に自動車が大変増えた時期があり、それに伴って交通事故も激増しました。たとえば昭和34年には、交通事故死者数が1万人を超えるということもあったのです。そこで交通事故防止が極めて重要な課題となり、いろんなところで事故防止策が検討され始めました。その中で交通事故を防止するためには、もちろん道路の整備や信号機の設置などが必要ですが、その一方で国民の皆さまにも交通ルールをしっかりと守るという意識を持ってもらわなくてはならないとなったのです。そこでそういう活動のための団体が必要だということになり、当協会が設立されたのです。

昭和40年代から年間スローガンと交通安全ポスターを募集

井林　今この部屋の中には、交通安全のポスターがたくさん貼られています。このように啓発活動が活発に行われていると思いますが、具体的にはどういうものがありますか。

入谷 交通安全についていては「年間スローガン」を募集しています。わかりやすいスローガンを使って交通安全に意識をむけてもらおうとやっていますが、実は歴史は古く、昭和40年から募集しているのです。今年ももちろん実施しています。「せまい日本　そんなに急いでどこへ行く」とか「飛び出すな　車は急に止まれない」などといったスローガンを覚えていらっしゃるのではないでしょうか。

井林 あっ、そうですか。「せまい日本　そんなに急いでどこへ行く」は交通安全スローガンだったんですね。私はまた、新幹線か何かのスローガンなのかなと思っていました（笑）。

入谷 それは昭和48年に、スピードを過度に上げないよう警告するために選定されました。スローガンには一般Aと一般Bという分類がありまして、ドライバー対象のスローガンは一般A、それ以外を対象としたものが一般Bというふうに区別されています。その他に、中学生までが応募できる、子どもを対象としたジャンルもあります。これら3種類のスローガンを、それぞれ選んでいます。また交通安全ポスターは、昭和45年から募集しています。現在では、その中で一番優秀なものには内閣総理大臣賞が授与され、その次が内閣府特命大臣賞ということになっています。そして内閣総理大臣賞は春の交通安全運動用のポスター、内閣特命大臣賞の方は秋の交通安全用のポスターということで印刷し、皆さん方の交通安全に少しでもお役に立てればというふうにやっています。

井林 ちなみに今年のドライバーさん向けのスローガンの一般Aは、「手を上げる　子どもはあなたを信じてる」ですね。そしてそれ以外の歩行者などを対象としている一般Bのスローガンは「スマホ

じゃない　見るのは前でしょ　周りでしょ」。これは〝ながら運転〟をやめようということですね。

入谷　そうですね。特に最近、スマホを見ながらというのが大変危険視されています。

井林　そうですよね。自転車に乗っていて、ついついメールが来るとスマホをいじってしまう……。子ども部門でも「とうげこう　よそみ　おしゃべり　きけんがいっぱい」というのがありますね。その通りですね。登下校の際にも、危ないところがけっこうありますからね。

静岡県からも受賞者が

入谷　静岡の方ですが、令和元年に募集した令和2年使用のスローガンで内閣特命大臣賞を受賞したのです。これは「手をあげて　小さな君も信号機」というものです。

井林　おお、素晴らしい！

入谷　富士宮市の中学3年生の作品です。

井林　「手をあげて　小さな君も信号機」ですか。なるほどですね。手をあげると、車が止まってくれるんだよということですね。富士宮市の中学生の方、上手ですね。

入谷　それから令和2年に募集して、令和3年に使用されたものですが、子ども部門で富士宮市の小学5年生が「あせらない　次の青でも　いいじゃない」で全日本交通安全協会賞を受賞されました。

井林　富士宮市、すごいですね。賞を取りまくっていますね！

入谷　それからポスターですが、令和3年に募集して、令和4年に使用のもので、子ども部門の佳作もあります。浜松市の小学3年生です。

井林　しかし佳作といっても、全国で9人しか受賞者がいないというのですから、かなりレベルが高いものですね。入谷さんには次回もお越しいただきたいと思います。

2025年までに交通事故死亡者数を2000人以下に

（2022年12月7日放送）

井林　おはようございます。井林たつのりのスマイルメッセージです。今日も一般財団法人日本交通安全協会、交通安全運動を行っている団体の入谷誠専務にお越しいただいております。入谷さん、どうぞよろしくお願いします。

入谷　こちらこそ、よろしくお願いいたします。

井林　前回は日本交通安全協会がどういう団体なのかということ、そして交通安全のスローガン、ポスターについてもご紹介いただきました。静岡からもたくさんの方が応募され、受賞されたスローガンが令和2年、3年とポスターに使用されたことも教えていただきました。さて今回はですね、ちょっと趣向を変えまして、交通安全協会さんの課題といいますか、目指す方向性についてお話しいただきたいと思います。

入谷　そうですね。私たちとしては、やはり交通事故をいかに減らしていくかということが最大の課題ですね。交通事故については、すでにご存知の方も多いと思いますが、昨年の死亡者数は2636人で、昭和23年以来の最少記録を更新しました。また交通事故の件数自体も30万5196件と、これも17年間連続して減少しています。しかしながら、未だに多くの事故が発生し、多くの人が巻き込まれて死傷し、家族の方々が悲しんでいらっしゃる。やはり交通事故は最終的に発生ゼロにしていかなくてはいけないと思います。そのためには、とにかく事故数を減らしていきたいというのが、当協会の考えです。また飲酒運転などの悪質な交通ルールの違反、そしてそれに伴う事故の発生は、残念ながら根絶には至っておりません。こういったものも少しでも減らしていくというのが私たちの悲願です。そうした中で令和3年に、政府の中央交通安全対策会議が第11次交通安全基本計画を策定しました。これは世界一安全な道路交通の実現を目指すもので、2025年までに交通事故死亡者数を2000人以下にするという目標を掲げています。

井林　ほう、2000人以下ですか。

入谷　はい、死亡者数は2000人以下で、重傷者数については2万2000人以下にするという目標が立てられています。先ほど申し上げましたように、昨年の交通事故死亡者数は2636人ですから、しっかりと努力していかなければならない。当協会としても、その実現に向けて取り組んでいきたいというふうに考えております。

世界で一番安全な国を目指して

井林　事故というのは、被害者はもちろんですが、起こした方も大変ですね。２０００人が亡くなるということは、その一方で２０００人の加害者がいるということですから、やはり事故件数を減らしていくことが大事ですね。しかしこの「２０００人以下」というのは、人口あたりの死者数でいえば、世界で一番安全だということを何かの本で読んだ記憶があるのですが……。

入谷　まさにその通りでして、前述した基本計画の中にもそう書いてあるんです。なお「２０００人」というのは、事故後24時間以内に亡くなった人の数で、海外と比較する場合は、「30日以内死者」というのがありまして、事故から30日以内に亡くなった方の数で比較する場合が多いのです。これまでも、平成28年から令和元年までのデータによると、「30日以内死者数」は「24時間死者数」、すなわち24時間以内に亡くなられた方の１・２倍ぐらいになるのです。ですから、もし「24時間死者数」が２０００人ならば、これを１・２倍すれば、だいたい人口10万人あたり１・96人になります。日本ではこの計画が検討されていた平成30年の段階で、この数字が3.29だったのです。これは世界8位ですが、1位のノルウェーは２・04でした。先ほど申し上げたように、1年の死者数が２０００

人になれば、この数字が1・96となり、もしノルウェーが当時のままでしたら、日本はそれを抜いて世界1位になるわけです。世界一安全な道路交通の実現を目指すために、「2000人以下」という目標数字が選ばれたと聞いています。

井林　どうせ目指すなら、ノルウェーを越えて世界一をということですね。そんな目標を掲げながら、一方では交通安全の情勢というか、統計という現状はどうなっていますか。

入谷　先ほど、昨年の状況をお話ししましたが、全国的かつ長期的に見れば、昭和34年に交通事故死亡者数が初めて1万人を超えました。その後、昭和50年まで17年連続して、1万人を超えたままだったのです。

井林　昭和50年までですか。ちょうど私が生まれる前の年ですよ。

入谷　その時のピークが昭和45年、ちょうど大阪万博が開かれた年で、1万6765人ということでした。それから交通安全運動や道路の改良、交通安全施設の整備などいろいろな対策が講じられました。自動車の能力の向上やシートベルトを締めるというようなルールの変更も行われたのです。そうしたいろいろな対策が相まって、死亡者数が減ったのだろうと思います。そして今では統計を取り始めた昭和23年以来、6年連続して最少記録を更新しています。令和3年では2636人ですが、今年10月末の数字では、全国の交通事故死亡者数は2078人となり、前年より23人少ないのです。

井林　ほう。

入谷　ただし昨今では前年との差がだんだんと縮まってきているので、なんとか前年比マイナスということは維持したいと思っております。

井林　このあたり、コロナで人の出が変わるということなども、影響するのでしょうね。

入谷　一般論として人の動きが盛んになれば、いろんな面で事故も増えやすくなりますね。

井林　皆さん、昨年の交通事故死亡者数は２６３６人ですから、あと６００人ほど抑えていきましょう。これから2か月、交通安全を心がけて過ごしていただければと思います。静岡の状況などもお伺いしようと思いましたが、それは次回にお願いすることにして、入谷さんにはもう一度ご登場いただこうと思います。入谷さん、ありがとうございました。

交通の要衝の静岡県は事故多発県だが……

（２０２２年12月21日放送）

井林　おはようございます。井林たつのりのスマイルメッセージです。今回は今年最後の放送になると思いますが、前回と前々回に引き続いて、一般財団法人日本交通安全協会の入谷誠専務にお越しいただいています。入谷さん、どうぞよろしくお願いします。

入谷　どうぞよろしくお願いいたします。

井林　前々回の放送では、交通安全協会さんが昭和36年に創設され、その頃の交通事故での死亡者数は年間1万人を超えていたというお話を伺いました。また交通安全のスローガンや交通安全のポスター、さらには日本の交通安全全体の情勢についてもお話しいただきました。今回はリスナーさんにとってより身近な、静岡県の交通安全情勢について教えていただければと思います。

入谷　はい。静岡県はご存知の通り、東名、新東名高速道路や国道1号線といった東西の交通の要衝にあります。また産業も非常に盛んなところですので、交通量も多いという印象を持っています。その中でデータを調べてみますと、そうした交通環境が原因になっているかもしれませんが、交通事故の発生件数や負傷者数では、全国でワースト1桁となっています。そういう点では交通事故の多い県というイメージです。

井林　具体的にはどのくらいなんですか。

入谷　令和3年ですと、発生件数で6位ですね。

井林　6位といいますと、人口数では静岡県は全国で10番目ですので、やはりちょっと多いですね。というか、これはかなり多いかもしれない。静岡県よりも人口の多い県でも、交通事故件数は少ないところもあるわけですから。具体的にはどのような内容のデータになっているのでしょうか。

入谷　これはですね。静岡県での交通事故発生件数は、1万9382件です。2万人を超えている都府県は、東京、神奈川、愛知、大阪、福岡となっています。

井林　大都市ばかりですね。

事故発生率が大きく減少

入谷　他方で死者数では、全国10位ということになります。そういう点では静岡県は事故が多いという印象もある一方で、自治体など交通事故防止に取り組む関係団体などのご尽力で、ここ数年間の交通事故数は着実に減少しています。たとえば先ほど、令和3年のデータでは交通事故の発生件数は1万9382件と申しましたが、前年から1285件減少し、46年振りに2万件を割りました。さらに交通事故発生の減少率でも、全国では1・3％ですが、静岡県は6・2％も減少しています。それから交通事故による死亡者数は、マイナス19人ということで、静岡県は17・6％も減っています。全国の7・2％減よりも減り方が大きいですね。

井林　おお、かなり減っていますね。

入谷　それから10月末で見ましても、死亡者数は62人ということで、マイナス10人ということになっています。

井林　46年ぶりに交通事故の発生件数が2万件を割ったということは、私は今46歳なのですが、私が生まれてこの方46年間、静岡県では交通事故で2万人以上が被害に遭ってきたということになりますね。この放送のリスナーの皆さまは今運転していらっしゃる方も多いでしょうが、ますます交通安全に心がけていただきたいと思います。以前もお話ししましたが、交通事故というのは、遭遇するのも不幸ですし、起こしてしまうのも不幸ですから。被害者が2万人いれば、加害者も2万人いるわけです。都合、4万人が不幸になってしまうわけですから、ぜひとも気をつけていただければと思います。その他のデータはありますか。

静岡県民は運転マナーが良い

入谷　実は静岡県は運転のマナーが良いというデータもあります。JAF日本自動車連盟は毎年、信号機のない交差点で歩行者の横断する時に自動車が一時停止するかどうかを全国的に調査しています。これが静岡県では止まってくれる車の割合が全国の中でも高いのです。ちなみに直近の調査では、全国平均では39・8％です。

井林　止まらないものなんですね、皆さん。

入谷　法律的には停車しなければいけないのですけどね。

井林　お巡りさんが見つけたら減点されますよ。

入谷　ところが静岡県では止まってくれる自動車の割合が60・8％です。実は60％以上の県は、静岡県を含めて4県だけなのですよ。さらに過去3年ほどさかのぼってデータを見てみたのですが、やはり静岡県は全国の中でも高い停止率です。平成30年では全国では8・6％しか停止していませんでしたが、静岡県は39・1%が停止しました。

井林　全国的にはほとんど止まらないのですね。

入谷　それからだんだん止まるようになり、令和元年では全国では17・1%に対して、静岡県では52・8%が止まります。令和2年では静岡県は54・1%が止まりますが、全国で止まるのは21・3%です。

井林　この番組を聞いていただいている運転手の皆さん。横断歩道で人が手を挙げていたら、止まりましょうね。手を挙げているということは、これから横断歩道を渡ろうとしているわけですから。

入谷　よろしくお願いします。

井林　全国の数字を見ると、これは危ないですね。JAFの調査も命がけなのではないですか。ただ、一時停止はするけれど、交通事故の発生はまだまだ多いということですね。最後に静岡の方にメッセージをお願いできますでしょうか。

入谷　承知しました。静岡県は道路交通の要衝ですので、これからますます発展していくと思いますが、その反面、交通事故の危険性も十分に考えていただきたいと思います。その中で、悲惨な交通事故の件数を1件でも減らして、安全で快適な交通社会を実現するために、日頃から県民の皆さまには交通安全をしっかりと心がけていただきたいと思います。また自治体や静岡県交通安全協会をはじめとする様々な団体がいろんな交通安全活動を行っていますので、それらをご理解いただき、ご協力もよろしくお願いします。

井林　わかりました。交通安全には終わりがありません。横断歩道で手を挙げている人がいたら、運転中の皆さんは必ず一時停止してください。当たり前のことですが、ぜひ気をつけていただきたいと思います。今日は今年最後の放送です。一般財団法人日本交通安全協会の入谷誠専務をお迎えしてお送りしました。最後まで聞いていただき、ありがとうございました。皆さま、良いお年をぜひ無事故無違反でお迎えください。

guest

岡本佳郎《おかもとよしろう》氏

日本酒造組合中央会　副会長（当時）

2021.9.29, 10.6, 11.3

高級酒（吟醸、純米、本醸造などの特定名称酒）の生産が多い静岡県

（2021年9月29日放送）

井林　おはようございます。井林たつのりのスマイルメッセージです。本日のゲストは、皆さんも日本酒や焼酎を召し上がっていると思いますが、それを造る蔵元の組合である日本酒造組合中央会の岡本佳郎副会長です。岡本さん、よろしくお願いします。

岡本氏（以下、敬称略）　おはようございます。よろしくお願いします。

井林　岡本さん。この日本酒造組合中央会というのは、日本酒関係の団体ということはわかります。もう少し詳しくどういう団体なのか、ご説明いただけませんでしょうか。

岡本　日本酒造組合中央会は、全国47都道府県ごとに存在する日本酒に関する組合の上部団体ということになります。日本酒に加え、本格焼酎や沖縄の泡盛、そして愛知県の本みりんも入るのですが、そうした伝統的な日本のお酒を造っている蔵元の集まりです。日本酒は全国に１３００から１４００の組合員がいて、本格焼酎は九州を中心に３００くらいの組合員がいます。いずれもコロナ禍で大変な思いをしながら頑張っていました。井林先生にはお世話になっておりますので、今回の放送が楽しみでした。よろしくお願いします。

井林　こちらこそ、よろしくお願いします。静岡では焼酎の蔵元さんはいないので、主に日本酒の蔵

元さんということですが、コロナの時には外での飲食を禁じられ、大変厳しい状況でした。団体としてどういう取り組みをされましたか。

岡本　おっしゃるように、コロナ禍で酒造メーカーは本当に大変でした。日本酒でいうと、静岡県では約30ほどの蔵元がありますが、どこも大きなメーカーではなく中小規模の経営です。コロナ期にはその前と比べて、2割くらい出荷量が減ったところがほとんどだと思います。また輸出も、思うに任せない状況でした。我々としては早くコロナが治まって、皆さまが安心しておうちでも外でもお酒を飲んでいただけたらと思っておりました。もっとも外食はまったくダメだったので。「家飲み」がけっこう行われていましたし、今でも日本酒が飲まれています。ただ「家飲み」といっても、スーパーや小売店で購入されるのは、どうしても価格帯としては比較的安価なものが多いのです。さらにどのお店にも置いてあるような、灘や伏見などといった全国ブランドのものが好まれます。静岡ではコンクールで金賞を獲るようないいお酒が多いのですが、そういう高級酒（吟醸、純米、本醸造などの特定名称酒）は主に居酒屋とか料理屋さんで消費されます。よってそういう高級酒を出荷していたところがコロナ禍で受けた影響は、非常に大きかったのです。そしてトータルで言うと、外飲みが少ない分だけ、以前より売り上げが2割くらい減少しました。

井林　そうしますと、スーパーでは高級魚が安く売られているというニュースがよく出ていましたが、日本酒にもそういう傾向があったのですか。

岡本　そうですね。普通の酒屋さんでも、通常なら見られないような高級な日本酒が置いてあったということもありました。お酒好きの方にとっては、良いお酒に出会うチャンスが多かったと思います。

井林　あの頃はお酒にとっては厳しい状況でしたが、「終わらない感染症はない」と言われていますので、だんだんと普通の生活に戻り、またお酒を飲みながらワイワイと語り合う生活に戻りつつあるのは喜ばしいことです。

ユネスコ無形文化遺産登録で日本酒を世界へ

井林　今、日本酒をユネスコの無形文化遺産に登録しようという活動に取り組まれていますが、どんな感じなんでしょうか。

岡本　２０２１年１月18日に行われた総理の施政方針演説で、「日本酒、焼酎などの文化資源について、ユネスコ無形文化遺産への登録を目指します」と盛り込まれました（岸田文雄首相も、２０２２年１月17日の施政方針演説で、「日本酒、焼酎、泡盛など文化資源のユネスコへの登録を目指すなど、日本の魅力を世界に発信していきます」と述べた）。それらを受けて我々も、中央会を中心に蔵元などが集まって「保存会」を結成しました。日本酒も焼酎も麹菌がもとになっていますので、伝統技術をきちんと保存していこうという会を立ち上げて、いずれパリのユネスコに手を挙げていく際のいろいろな準備を行っています。また保存会の会員を集めたり、我々なりのＰＲを行っているところです。

これがうまくいきますと、２０１３年に「和食」が無形文化遺産に登録された時に、和食とセットになって日本酒を海外に輸出することに拍車がかかったのですが、今回も日本酒や本格焼酎が世界文化遺産として登録されれば、ふたたび世界に向けて日本酒をアピールする格好の材料になるとの期待があります。先ほど述べました通り、日本酒などの国内での消費には限界がありますので、新しい市場を開拓できる輸出に活路を見い出す動きもあり、良い効果になるのではないかと期待しています。

井林　なるほどですね。ところで日本酒がユネスコの無形文化遺産になれば、製造方法などに限定がかかるんですか。

岡本　いや、今伝統的に製造しているものについては、基本的に全部が対象になると思います。というのも、必ず麹菌を使うということが日本の伝統技術なんですね。本格焼酎も本みりんも、同じように麹菌を使います。それは他の国にはない唯一の醸造技術ですので、それをしっかり使ってお酒を造るということにすれば、基本的には全部が世界遺産登録の対象になると期待しております。

井林　そうですね。輸出ということになれば、今日本酒は世界で人気が上昇中ですので、ユネスコの無形文化遺産に指定されるとさらに箔が付き、人気が高まることは間違いないと思います。世界の皆さんに素晴らしい日本酒を味わっていただき、日本酒をとりまく環境がさらに向上していくことを願っております。岡本さんには次回もご登場いただき、日本酒についてさらにお話をお伺いする予定です。岡本さん、ありがとうございました。

日本酒は海外で大人気

（２０２１年10月６日放送）

井林　おはようございます。井林たつのりのスマイルメッセージです。本日も日本酒造組合中央会副会長の岡本佳郎さんにおいでいただいております。岡本さん、よろしくお願い申し上げます。

岡本　よろしくお願いいします。

井林　さて日本酒造組合中央会とは、前回の放送でも説明しましたが、日本酒とか焼酎、泡盛などを造っている蔵元さんの集まりです。静岡県内では焼酎の蔵元さんはいないので、全員が日本酒の蔵元さんになりますね。前回の放送で岡本さんから、コロナ禍などで日本酒を取り巻く環境は厳しくなっていること、そしてこれまで取り組んできた輸出に活路を見い出そうとしていること、さらにユネスコの無形文化遺産登録に向けて取り組みが進められていることについてお話を伺いました。今回は輸出に向けた具体的取り組みなど、今後についてお聞きしたいと思います。

岡本　はい。日本酒の輸出の状況ですが、長い目で見ると、この10年間で輸出は倍増しており、金額でいえば直近で２４０億円（令和2年。令和5年は４１０億円）くらいにいっています。ただ世界的なコロナ禍の影響で、アメリカや中国など大きな輸出先が影響を受けて、一時はどうなるかと危惧したこともありました。しかし中国や香港などの回復が早く売り上げは好調で、アメリカなども徐々に回復しています。この調子で伸びていけばいいなと思っております。

井林　なるほど。ところで日本酒を輸出する際に、日本人の好みとは異なる外国向けの好みなど、気をつけていらっしゃることはありますか。

国や世代により飲み方は様々

岡本　好みの差はありますね。まず日本人は、冬にはお酒をお燗にして飲むことが多いです。またお米の味がする、すなわち辛口が好まれることが多いです。これに対して外国では、フルーティーで吟醸感が強い日本酒を、冷やして、しかもワイングラスで飲まれることが多いです。これは、若い人たちの飲み方にも共通しており、日本酒の飲み方が変わってきつつあるのではないかと思っています。だから我々も、海外ではそういうスタイルでのＰＲに重点を置いています。

井林　なるほど、白ワインみたいな飲み方ですか。

岡本　おっしゃる通りですね。

井林　これは、ヨーロッパやアメリカ以外、たとえば中国などでも同じ傾向なのですか。

岡本　中国人の方も最近はワインを飲むようですが、そもそも中国では紹興酒とか白酒など、お米から造られたお酒の伝統もありますので、アジア系の人は日本酒については、日本人と比較的お酒の好みが同じようです。だからこそ最近では、アジアでの日本酒の消費の伸びが著しいのではないかと思っています。

井林　私の勝手な想像ですが、中国の人たちは辛口の酒をきゅっと飲むと思っていましたが、変わってきているんですね。

岡本　はい(笑)。

井林　国内では日本酒マーケットは、高齢化や人口減少などで縮小傾向にありますが、だからこそ海外展開について望みをかけて取り組まれているということですね。売り込みが重要になると思うんですが、その工夫について教えてください。

海外市場に大きな期待

岡本　日本酒の輸出が順調に伸びているとはいうものの、まだ輸出比率は全体の5％程度にすぎません。これをもっともっと伸ばしていきたいという思いがありまして、日本酒造中央組合連合会としましては、何年も前から蔵元さんと一緒に海外に赴き、ワインや蒸留酒などの展示会やメッセに参加して、日本酒をＰＲしてきました。しかしコロナ禍の間はほとんどそういうことができず、その分、オンラインを使って、ウェビナーや商談会、そして展示を行って、商談を行うなどやっておりました。

また海外の拠点として現地で動いてもらえる「リエゾン」と契約し、コロナにめげずにオンラインでつなぎながら輸出促進を行い、イベントなども開いてきました。

井林　つかぬことをお伺いしますが、オンラインで売り込みをする時、日本酒はむこうに送って試飲してもらうんですか。それとも画面のこちら側で現物だけ見せて行うんですか。

岡本　それはですね。先方には事前に試飲分を送っておいて、現地で委託しているリエゾンにサーブしてもらいます。ただし詳しい説明はやはりこちらが行わないといけないので、蔵元自身がオンラインで説明します。こうした積み重ねのおかげで、実際に現地に赴いて販売促進をしなくても成果があがっています。

井林　なるほど、それでオンラインで商談するというイメージがわかりました。ところで最近、経済的には日本が世界に遅れをとっている部分があると言われていますが、お酒の消費もそうした傾向があるのでしょうか。

岡本　トータルで見ると、国内の日本酒消費量はなかなか回復していませんし、海外でもようやく回復の傾向を見せてきたという感じです。アメリカなどが中国と並んで上昇傾向にあります。お酒の輸出量や消費量を見ると、コロナからの回復の目安ということなのかもしれません。

井林　これから増える海外での消費に向けて、国内でも輸出でも取り組みを進めていただきたいですね。そして日本の酒蔵の文化が残っていければと思います。

岡本　井林先生にも応援をよろしくお願いします。

井林　本日の放送は日本酒造組合中央連合会の岡本佳郎副会長とともにお送りしました。岡本さんにはもう一度ご出演いただこうと思っておりますので、よろしくお願い申し上げます。

岡本　よろしくお願いします。

静岡県民はお酒を飲まない？

（2021年11月3日放送）

井林　おはようございます。井林たつのりのスマイルメッセージです。今日の放送も、前回、前々回に続いて、日本酒造組合中央会の岡本佳郎副会長にご出演いただだいております。岡本さん、よろしくお願いいします。

岡本　よろしくお願いいします。

井林　すでにご説明しましたが、日本酒造組合中央会というのは、日本酒や焼酎やみりんなどといった日本の伝統的な蔵元さんの集まりです。ビールの醸造所は入りませんし、静岡県には焼酎の蔵元さんがないので、だいたいのところ、日本酒の蔵元さんの集まり組合と考えていただければと思います。前回までの放送では、日本全体のお酒の話を伺いました。日本酒の輸出が増加していることや、コロナ禍で消費が低迷したことなどを伺ったのですが、今回は特に静岡県に関するお酒の話を伺いたいと思います。まず静岡県では、お酒の消費方法がなかなか特徴的と言われていますが、この件についてお話しいただけますでしょうか。

岡本　はい。私も今回、井林さんと対談させていただくので、改めて静岡県の日本酒の消費量など見てみたのですが、興味深いと思いましたのは、成人ひとりが1年間に消費するすべての酒類の量についてです。これにはビールやウイスキー、もちろん焼酎や日本酒も入っていますが、これが令和元年度で全国で平均して78リットルが消費されています。そのうち、日本酒の割合はけっこう少なくて、4・3リットルしかありません。だいたい一升瓶で2本くらいしか飲まないということになりますね。

井林　私などは、週に一升瓶で1本くらい飲みますね。

岡本　かなり超えていますね。

井林　はい、平均よりかなり上回っています。日本酒が大好きですから。そして静岡県での酒類の消費量は、全国平均を少し下回って、1年間で71リットルくらい消費されています。

岡本　全国平均と比べて、1割くらい少ないですね。

井林　そうですね。ですから全国47都道府県順で並べますと、静岡県は30位くらいになりますね。

岡本　日本酒の消費量が一番多いのは、秋田県とか新潟県ですね。焼酎をたくさん飲むのは、鹿児島県とか宮崎県です。一方で都会ではビールの消費量が多く、東京都では平均で100リットルを超えるのです。

井林　ほう、すごいですねえ。

岡本　もっともこの量は東京都内で飲まれるという意味ですので、厳密にいうと、都内の住民が飲む量とは異なります。しかし概数はそういうことで、静岡県での71リットルというのを分類すると、日本酒が4・4リットル、ビールが20リットル、本格焼酎は4リットルというふうになります。驚いたことに、静岡では日本酒以外の消費量は全国平均より少ないのですが、日本酒だけは全国平均をやや上回っています。ですから、いつも静岡県に向いて頭が下がる思いです。

静岡県民は日本酒が大好き

井林　私も地元で飲み会などに参加すると、日本酒を好んで飲まれる方が多いので、そうかなと思います。ところで、愛知県など近隣県と比べるとどうなのですか。

岡本　東海地方では健康に留意される方が多いのか、総じて酒類の消費量が少ないのですが、その中で静岡県はひとりあたり71リットルも消費しています。

井林　それでも全国では30位ということで、平均を下回っているわけですね。

岡本　でも日本酒は大いに飲んでいただいているから、ありがたいです。それからもうひとつ、日本酒を造る側からいいますと、全国の蔵元が造る日本酒のうち、静岡県内の蔵元で造られる日本酒は1パーセントにも満たないのですよ。灘や伏見のような大手の蔵元はなくて、小さな蔵元が多いためです。しかし先ほど申し上げた通り、日本酒の消費量を見てみると、全国の消費量の3パーセントを占めています。すなわち、1パーセントを造って3パーセントを消費しているということですから、地元で造られる日本酒だけでは足りなくて、他の県で造られた日本酒を飲んでいただいているということになりますね。

井林　そうすると、もっと静岡県内で日本酒を消費すれば、地元の蔵元さんが潤うわけですね。

岡本　さらに静岡県内の蔵元のもうひとつの特徴というと、プレミアムの日本酒が多いのです。すなわち、大吟醸や吟醸、純米といったいわゆる特定名称酒です。全国的には高級酒（吟醸、純米、本醸造などの特定名称酒）はだいたい3分の1くらいなのですが、静岡県では特定名称酒の割合が8割を超えます。

井林　おお！

一世を風靡した静岡県産日本酒

岡本　この割合は全国でトップクラスに高いのです。つまり、高級な吟醸や大吟醸に特化した小さな蔵元が多いので、静岡県の日本酒は非常に人気が高いのです。その背景にあるのがお米ですが、特に有名なのは静岡県農林技術研究所が平成10年につくりだした、オリジナル酒造好適米品種の「誉れ富士」ですね。これがひとつのポイントになるし、また静岡県工業試験場から沼津工業技術支援センターに伝授され、独自につくられた「静岡酵母」も、静岡県の美味しいお酒を造るのに大いに寄与しています。一時期は静岡県の日本酒は一世を風靡して、新酒品評会の金賞を独占していた時代もあります。

井林　大吟醸が8割を占めるというのは驚きですが、確かに良いお値段のお酒も、リーズナブルな価格のものもありますね。地元でリーズナブルな日本酒が出回っているということは、県外で高級な日本酒が売られているということですか。

岡本　そういうことです。ですから前回と前々回でも申し上げたように、蔵元さんも地元の固定の馴染みのお客さんには、昔から造っているスタンダードなお酒を比較的安い値段できちんと確保しておき、高級な日本酒は東京や大阪といった大都会に販売しています。しかしコロナ禍ではなかなか売れなかったので、苦労されたことでしょう。

井林　こうしてお酒の話をお聞きすると、なるほどなあと思いながら、静岡もずいぶんお酒については特徴のある県だと実感しております。そしてお酒に関しては、この放送を聞いている方でドライバーさんにはぜひ、「飲んだら乗るな」ということをお願いしたいですね。そしておうちで一杯傾ける時には、今日のお話を思い出しながら、お酒を飲んでいただければと思います。最後に岡本さんから静岡の皆さんに向けて、メッセージをお願いできればと思います。

岡本　はい。静岡県といえばお茶が有名で、私ももちろん大好きですけれど、聞いておられる方にはぜひ、静岡のお酒を堪能していただければと思います。また、それで足りなければ、酒造組合は「利き酒セット」のようなものを通信販売しておりますので、お試しいただければと思います。まずは適正飲酒を推進しながら、健康な生活をお送りください。またコロナ禍が早く収まるように祈念しているところであります。

井林　ありがとうございました。前々回、前回に引き続いて3回にわたり、日本酒や焼酎の蔵元さんの組合である日本酒造組合中央会の岡本佳郎副会長にご出演いただきました。岡本さん、ご出演ありがとうございました。

guest

多田《ただ》計介《けいすけ》氏

全国旅館ホテル生活衛生同業組合連合会　会長

2020.9.30, 10.7, 10.21

国の衛生政策のサポート組織として発足

（2020年9月30日放送）

井林　おはようございます。井林たつのりのスマイルメッセージです。本日は全国旅館ホテル生活衛生同業組合連合会の多田計介会長をゲストにお迎えし、お話を伺っていきたいと思います。多田さん、よろしくお願いいいたします。

多田氏（以下、敬称略）　よろしくお願いいします。

井林　「全国旅館ホテル生活衛生同業組合連合会」というのはなかなか長い名前ですが、しかも「生活」「衛生」「同業」というのは、私たちにはしっくりきにくいのですが……。

多田　そうですね。一般の方々にはわかりにくく、「生活衛生とは何だろう」と思われるでしょうね。これは戦後の復興期に、旅館やホテルなどの衛生管理、たとえば食中毒などの事故の防止や、寝具の取り換えなどに至るまで、当時の厚生省がこと細かく指導するために60年ほど前に全国に組合を結成させたのです。それを束ねるための全国的組織が、私がいま会長職をお預かりしている全国旅館ホテル生活衛生同業組合連合会です。

井林　ということは、もともとは生活衛生というか、環境衛生ということでしょうか。

多田　そうですね。環境衛生という言葉もありました。そうした同業者組合として理容や美容、お寿司や麺類、食肉などの団体が16ほどありまして、そのうちのひとつです。

井林　それでは全国旅館ホテル生活衛生同業組合には、どのくらいの会員が参加されているんですか。

多田　北海道から沖縄までの47都道府県全部に組織がありまして、それぞれに事務局もあります。会員数は1万5000を超えています。

井林　全旅連には1万5000を超えるホテルや旅館が加盟していて、そこで提供される食事や寝具の衛生を管理するということですね。

多田　空気のこととか、お客様が利用される空間すべてのことについて、厚労省が定めている基準をクリアするように、全旅連が存在しているのです。

井林　衛生面も含めて、コロナ禍の時は大変だったと思いますが、今の課題や取り組みを教えていただけますか。

営業再開のためには156項目をクリア

多田　コロナになっても我々はお客様を受け入れてきたのですが、さすがに第一波の真っただ中では多くが休業し、私が経営する旅館でも休館日をだいぶ増やしました。温泉地がすべて休業というのもありました。これに対する手当が地方によって差があったためか、営業の再開もバラバラな状態で現在に至っています。後でもお話ししますが、「ＧｏＴｏキャンペーン」の展開で、それなりの経済効果が上がっている地域もあります。もっとも営業を再開する際には、官庁から156項目にもわたるマニュアルの指導を受け、それを順守しなければなりませんでした。そして現在も、これらをしっかり守って営業しているところです。

井林　156項目のマニュアルを1万5000の旅館やホテルに実施させるのは、至難の業ですね。

多田　そうです。各会員が毎日、大変な数の項目に従って衛生管理を行っています。特にＧｏＴｏには参加するためには、厳しい条件を提示されていましたので、実に大変でした。ですから本当のことを言いますと、厚労省とは水面下で重たい交渉を行ってきました。

井林　全国の宿泊施設が3万5000ある中、そのうち1万5000が全旅連に加盟している施設で、そのうち6割がＧｏＴｏキャンペーンに参加していたわけですから、全旅連さんに加盟している旅館やホテルはかなり営業の回復が早かったわけですね。

多田　宿泊団体は私たちの組織の他、日本旅館協会、ホテル協会、シティホテル連盟と、大手では宿泊4団体があります。それ以外にも独自に経営されているところもありますね。

井林　いつまでもコロナコロナと内向きではいられないので、ここで宿泊業の現状を見ていこうと思います。平成31年の延べ宿泊者数は約5億9500万人で、そのうち日本人の宿泊者数は4億8000万人でした。なので日本人が動いてくれるようになれば、たとえ外国人観光客が少なくても、旅館やホテルの営業に良い方に効いてきますよね。

多田　実は国策でもあるインバウンドが非常に目立っているため、コロナ禍の前には「インバウンドは伸びしろ」とよく言われたものですが、全体の8割を占めていたのは国内旅行でした。さすがにコロナ禍で、国内のシェアも落ち、ひどいところは90％以上も落ちたところもありましたが、それが復活しているのが現状だと思います。

井林　ありがとうございます。次回も多田会長にお越しいただき、続きのお話をお伺いしようと思います。

多田　ありがとうございました。

コロナ禍では療養施設として活躍

（2020年10月7日放送）

井林　おはようございます。井林たつのりのスマイルメッセージです。前回に引き続き、全国旅館ホテル生活衛生同業組合連合会の多田計介会長においでいただき、お話をうかがっていこうと思います。多田さん、よろしくお願いします。

多田　こちらこそ、よろしくお願いします。

井林　多田さんは旅館を経営していらっしゃいますが、現在はホテルの存在感が大きくなりつつあると思います。多田さんはホテル経営について、どのように考えていらっしゃいますか。

多田　そうですね。ホテル業界さんではコロナ禍での軽症者の受け入れで、たくさんのチェーン系のホテルさんが手を挙げて、医療崩壊を防止する役割を果たされました。我々の団体も「旅館ホテル」と名称にある通り、ホテルも旅館も経営していらっしゃる会員さんも数多く、同じような準備をしていかなければならないという共通認識を持っています。

井林　報道にもありますように、軽症者、あるいは無症状の方は、コロナのウイルスが検出されると、病院には入院せず、ホテルに入っていただいて、ウイルスが出なくなれば自宅に戻るということになっています。

多田　実際に感染者の8割の方は発病せず、そのまま治ってしまうと聞いています。にもかかわらず、そういう人が病院に入院してベッドを占有すると、本当に治療が必要な人が入院できなくなってしまいます。だから我々の業界の社会的存在意義にもつながっていますので、こうしたことには積極的に手を挙げていこうと思います。

井林　感染者が増大する場合に備えるのですね。

多田　可能性がある場合は事前に準備する必要があります。もっとも感染が拡大しなければそれに越したことはありません。

井林　重要なことは、近所の方々がコロナウイルスを怖がって、そうした利用を反対しないかという点ですね。

多田　そうですね。それが一番の懸念です。こうした災いについては、「明日は我が身」と前向きに捉えていただきたいですね。陽性者を受け入れるのに反対なら、もし自分が感染した場合はどこで養生するのか。社会的に自分の問題として考えることが必要でしょう。もっともそういう事態にならないことこそ、一番大事です。そうならないように祈っています。

災害での二次避難先として

井林　もうひとつが、災害に対する対応です。全旅連さんはいろいろと取り組みをされていますが。

多田　私の前の前の会長の時に東日本大震災が起こりまして、この時から被災者に対する大きな受け入れが始まりました。この時は1万100人以上の避難してきた方々を受け入れたと聞いていますが、被災者の受け入れ環境については、仮設住宅より旅館やホテルの方が相当快適な状況だというメリットがあります。そういうことを国と相談しながら、旅館やホテルを災害時の受け入れ施設として制度化するために、各都道府県の首長さんたちと協定を組むことになりました。私が会長に就任してからも、小さな地震があちこちで発生し、大きな水害も発生しました。今年は熊本県人吉市で豪雨によって球磨川《くまがわ》が氾濫し、20名が亡くなりました。その中で対策が急がれるのは病人やお年寄りなど特別の配慮が必要な人を受け入れる「二次避難」です。47都道府県を網羅する勢いで協定を進めているところです。

井林　確かに東日本大震災で、災害住宅や復興住宅がつくられましたが、ホテルや旅館に滞在できるのなら、それは快適ですね。

多田　そうですね。仮設住宅を建設するにも、何か月もかかります。しかも災害のダメージを受けた地域にある旅館やホテルでは、観光のお客様の数も減少します。だから一石二鳥ということで、そうした形でサービスを提供しましょうと。我々の業界にとっても、社会的な役割をしっかりと果たし、存在意義を示していけるのではないかということで、積極的に取り組んでいます。

井林　さらにお伺いすると、それは「災害住宅」という位置付けから、「すぐに入れる避難先」ということになりますか。

多田　これもコロナ禍からになりますが、これまでの避難所ではどうしても3密になりがちで、オーバーフローしてしまうという問題があります。ですから、災害時にまず避難する場所となる一次避難場所をしっかりとつくっていこうということで、我々の業界に白羽の矢が当たっているわけです。前に進めております。

井林　災害はいつ起こるかわかりません。とはいえ、それに備えて避難所となる公民館をこれまでの2倍建設しようということにもなりません。ただ「密を防止しなければならない」ということになると、避難所として旅館やホテルはとても良い施設だといえますね。

多田　いくつかの問題点をクリアしていけば、明日でもお手伝いは可能です。災害はこれからも多いでしょうから、備えあれば憂いなしということで取り組んでいきたいと思います。

井林　これまでは災害時に避難する先といえば、公民館や小学校の体育館でしたが、これからはお近くの旅館やホテルの場所も念頭に置いてくださいということですね。これは正式に決まったのですか。

多田　費用については国や地方行政が補助をしていくということになるように、災害協定を進めています。

井林　旅館やホテルは大きな収容キャパシティを持っていますね。手元にある資料では、旅館だけでだいたい970万室もありますね。

多田　そうです。収容規模としては非常に大きな受け皿といえますし、また飲食サービスもやっておりますので、すぐにでも食事の手当を行うことが可能です。おにぎりをつくったり、あたたかいお味噌汁を提供したりができるのです。私たちもそうした備蓄を進めていくべきところもあるでしょうから、いざという時に備えてもろもろそうした対応がとれるように、研究していかなければならないと思っています。

井林　そういう意味では旅館もホテルも、感染症がまん延した時でも災害が発生した時でも、非常に頼もしい存在ですね。まだまだ多田さんにはお伺いしたいことがありますので、それは次回の放送でお話しいただきたいと思います。今回の井林たつのりのスマイルメッセージは、全国旅館ホテル生活衛生同業組合連合会の多田計介会長をお迎えしてお送りしました。多田さん、ありがとうございました。

多田　どうもありがとうございました。

大島からの帰りに見て感動した富士山の偉大さ

（2020年10月21日放送）

井林　おはようございます。井林たつのりのスマイルメッセージです。前回、前々回に続いて、全国旅館ホテル生活衛生同業組合連合会の多田計介会長にご登場いただき、お話を伺います。多田さん、よろしくお願いいします。

多田　こちらこそ、よろしくお願いいします。

井林　3回目のご出演になる今回では、全旅連さんの取り組みや課題、さらに多田さんが抱いていらっしゃる静岡県に対する印象や出来事などをお伺いしたいと思います。

多田　はい。静岡県といいますと、私がまず一番に頭に浮かべるのが富士山ですね。これはもう、日本人の魂のような存在です。私は高校生時代に都内の高校へ行っていたのですが、大島に旅行に行った時に見た富士山に感動しました。行きの時は気づかなかったのですが、帰りの船から水平線の向うに、いの一番に富士山の姿が見え、そのダイナミックな姿に惹きつけられました。海外から来る人も富士山に感動するといいますが、これを見ているに違いありません。

井林　こう言うと山梨県の方には叱られるでしょうが、富士山といえばやはり静岡ですね。もっとも静岡県民にはその姿は見慣れていますが、全国から来られる方には感動を持って見ていただいているのでしょう。

多田　それから静岡県は太平洋側にあるので、太陽がさんさんと降り注いでいるのが印象的ですね。私が住んでいるのは石川県能登半島ですが、冬場にゴルフをするために静岡県に来たら、あまりの日差しのまぶしさに、北陸とはえらく違うと感動した覚えがあります。それから幼少の時ですが、父の仕事の関係で浜松に住んでいました。乳母車に乗りながら、「浜松の凧揚げ」を眺めていたことを覚えています。笛の鳴らし方とか、「ピピッ」という威勢のいい掛け声や、凧が揚がっていく様子が、未だ記憶に残っています。

井林　では次回の凧祭りにはぜひ多田さんに浜松に来ていただき、2泊ほどしていただいて……。

多田　ありがとうございます(笑)。

井林　それに、静岡県の旅館も見ていただきたいですね。

多田　静岡県には知り合いの旅館がたくさんあります。銀水さんは有名ですが、その他にも元気で大きな旅館が多いですね。組織としても、会員数は日本で最多ではないでしょうか。ということで、私にとって足を向けて寝られない恐ろしい場所ですね(笑)。あとは食べ物で、マスクメロンですね。一般にはなかなか口に入らない高級食材ですが、私は仕事柄よくいただきます。やはりマスクメロンは最高ですね。北海道にも美味しいメロンありますけどね。

井林　夕張メロンですね。

多田　あとはヤマハ、そしてスズキですね。楽器のヤマハさんはエンジンのメーカーであるヤマハ発動機からですね。それから運送業の鈴与さんですか。海も陸も、北陸にも飛行機で飛んでいたことがありました。

井林　そして旅館業ですね。静岡県は旅館数が全国一で、観光業が大きな産業になっているということになります。そういう意味では静岡県は、全旅連さんの取り組みにも影響を受けやすいといえますね。

多田　そうですね。観光から大きな影響を受けると同時に、観光産業に大きな影響を及ぼすこともできる地域だと思います。そういう意味でも我々にいろいろと伝えていただくとともに、全旅連の運営にご協力をいただいているところです。

井林　この放送をお聞きのリスナーの皆さんも、実は静岡県は旅館やホテルの数が日本最多ということで、それを支えるためにも、「たまには地元の旅館に泊まってみるか」とご利用いただきたいですよね。

多田　そうですね。意外と再発見といいますか、今まで知らなかったけど、けっこういいものだなと感動していただけるのではないでしょうか。

井林　ぜひご活用いただければというふうに思っております。それでは最後に多田さんから、静岡県の皆さんに対するメッセージをお願いしたいと思います。これは県民の皆さんに対するものでも良いですし、旅館ホテルでお仕事をされている皆さんに対するものでもけっこうです。

交流の文化、交流の伝統を持つ静岡

多田　そうですね。静岡県に対する私のイメージですが、いろんな料理を盛り込んでみんなで食べるという文化があると聞いたことがあります。要するに、そうした地域の強い結び付きが、明るい県民性の源になっているのではないかと思うのです。私が住んでいる北陸とはまたちょっと違いますね。北陸はひとりひとりにお膳が出され、自分のお膳には自分が食べる分がいつまでも残されているという文化ですから、静岡県とは反対側の文化ですね。しかしそんな正反対の文化が互いに行ったり来たりできるようなことがあれば良いと思います。またなんといっても、昔から交通の要所であった東海道ですので、そういった意味では歴史的に文化の伝承地のルートになっているところです。さらに先ほども言いましたように、ヤマハやスズキなどの日本の産業の中核をなすような企業や、ものづくりの基盤がきちんとしていることも、とても素晴らしいと思います。

井林　ありがとうございました。３回にわたって全国旅館ホテル生活衛生同業組合連合会の多田計介会長にご出演いただきました。全旅連さんは、旅館やホテルの衛生面や料理の他、いろんなものの統一基準を作ることに取り組んでいらっしゃいます。ＧｏＴｏキャンペーンでも、１５６もマニュアルチェック項目があるようです。

多田　ちょうど私が会長を仰せつかった時、厚生労働省から「観光立国推進に関することに活動しても良い」ということで、連合会の定款が変更されました。ですから今では観光庁さんとも付き合いがあります。もちろんインバウンドによる外国からのお客様も大事ですが、やはり8割を占める国内観光のお客様をしっかりと取り戻していこうということで、会員の皆様とともに、安全安心をモットーに前に進めているところです。

井林　それは素晴らしいことですね。さらなるご発展をお祈りします。今回は全国旅館ホテル生活衛生同業組合連合会の多田計介会長に、3回にわたってご出演していただきました。多田さん、ありがとうございました。

guest

金内光信《かねうちみつのぶ》氏

全日本美容業生活衛生同業組合連合会　副理事長（当時）

2023.3.29, 4.5, 4.19

美容師の待遇改善を目指して

（2023年3月29日放送）

井林　おはようございます。井林たつのりのスマイルメッセージです。本日は美容院の全国団体である、全日本美容業生活衛生同業組合連合会の金内光信副理事長をお迎えしてお送りしております。金内さんは今、東京の美容生活衛生同業組合の理事長を務められております。金内さん、どうぞよろしくお願いいいたします。

金内氏（以下、敬称略）　よろしくお願いいいたします。

井林　まずは全日本美容業生活衛生同業組合連合会っていうのはどのような団体なのか、教えていただけますでしょうか。

金内　はい。全日本美容業生活衛生同業組合連合会は、昭和32年に「環境衛生関係営業の運営の適正化に関する法律」が制定され、翌年の昭和33年に同法に基づいて厚生大臣の認可を得て作られた団体です。この法律は、国民の生活に極めて深い関係にある衛生関係の営業について、公衆衛生を向上・増進させ、国民生活の安定に寄与することを目的とするもので、美容業や理容業、そしてクリーニング業や旅館業など、おおよそ16種の業種が対象となっています。まさに、皆さんの生活に密着した業者が集まった団体です。そしてこの法律は平成12年に、「生活衛生関係営業の運営の適正化及び振興に関する法律」という名前に代わりました。以来、「生衛法」と呼んでおり、「生活衛生同業組合」というのが成り立っているわけです。中でも美容業というのは、理容業も含めまして、日本でも数少ない国家資格を要する職業です。ですので「生衛法」で規定する業種の中でも、美容業や理容業、そしてクリーニング業というのは、お客様に対して非常に厳しい衛生の水準をしっかりと守っていかなければならない職業です。従いまして、私はよく言うのですが、どんな権限を持っても美容師の資格がないと、この仕事はできないのです。美容師法はいわゆる業務独占法でして、第6条では美容師でなければ美容を業とはできませんし、第7条では、美容所以外の場所で美容の業をしてはいけないことになっています。これらは簡単な文言ですが、非常に強い強制力がありまして、これを守ってきているのが我々美容組合だと理解していただければと思います。

厳しい衛生基準を守らなければならない職業

井林　そうすると、街で見かける美容院で働いているのは美容師さんで、いずれも法律上の資格があり、営業の許可を得ているということですね。では美容師とは何かということについて、私も美容師法について調べてみました。第2条に「『美容』とは、パーマネントウェーブ、結髪、化粧等の方法により、容姿を美しくすることをいう」とあり、その2では「『美容師』とは厚生労働大臣の免許を受けて美容師になる者をいう」とありました。これは髪結いさんということですね。そのような全日本美容業生活衛生同業組合連合会さんですが、団体としての課題は何ですか。

金内　今、日本の美容のレベルは世界のトップレベルと言われています。ところが美容料金や生産性、美容師の給料などになると、世界のトップレベルどころか、アジア諸国でも下位に位置付けられている状況です。これをなんとかしないと、社会保険にも入れないなど、労働環境を整えることができません。皮肉なことにこの業界では、美容室をとりまくメーカーやディーラー、あるいは美容師養成の学校などは社会保険が完備されているにもかかわらず、美容師と美容室は前近代のままという状況です。この本末転倒をどうにかしなければということで、生産性を高めるためにも、私はこうした働く環境も世界のトップレベルに引き上げなくてはならないと思っています。

井林　いや、驚きました。私も2人の娘がいて、妻とともに美容院に行っているのですが、まあまあのお金を払ってきます。それでも安いのですか。

金内　安いですね。都内でもひとりの美容師の稼ぎはだいたい月額45万円くらいですから、そこから従業員である美容師の給料や美容院の家賃、材料費や雑費を払えば、もうオーナーの取り分はなくなり、とても社会保険に入れる状況ではありません。

井林　そうすると、20日間働いたとして、1日に2万2000円くらいですね。そうしますと、私も美容院に行きますが、何人もの人が対応してくれて、髪を洗ってくれたり、切ってくれますから、なかなか大変ですね。

金内　やはり客単価が1万円以上にならなければダメですよ。ひとりが月額平均で70万円くらい稼げるようにならないと、社会保険に入ることはできませんね。社会保険の負担というのは大きすぎるのです。大企業と比べたらよくわかりますよ。大企業の社員はひとりあたり150万円とか200万円を稼いでいるのです。ところが美容師は45万円ですよ。これで同じ社会保険料を払うなんて、とても無理な話です。

井林　それなら、生産性を1・5倍ほど増やさなければいけませんね。しかしお客さんは急には増えないでしょう。

金内　お客さんは高齢化していますし、人口もどんどん減少していますから、増えることは考えにくいですね。でも美容室は増えているのですよ、パイは小さくなっているのに。ここにも大きな問題がありますね。

井林　確かにいただいているデータの「美容院の現状」の項目を見れば、美容所の軒数は平成18年度で、21万7000なのに、令和2年度では26万弱で、2割くらい増えていますね。

金内　つい最近では26万を超えました。

井林　そうですか。それでは1万以上増えたということになりますね。それでも人口は減っているわけですから、なかなか厳しい業界だというわけですね。わかりました。私もイメージしていたのとずいぶん違うお答えをいただいているうちに、時間が来てしまいました。金内さんには次回の放送にも来ていただき、お話をお伺いします。金内さん、どうもありがとうございました。

コロナ禍でもクラスター発生はゼロ

（2023年4月5日放送）

井林　おはようございます。井林たつのりのスマイルメッセージです。今日は前回の放送に引き続き、美容室の全国団体である全日本美容業生活衛生同業組合連合会の金内光信副理事長にご出演いただいております。金内さん、よろしくお願いします。

金内　どうぞよろしくお願いします。

井林　前回の放送では、美容師さんのお給料が低く、なかなか社会保険にも入れないという現状についてお話しいただきました。まさに今国会では、フリーランス法などをやろうかという動きになっています。働き方改革が完全施行されるためには、さまざまな課題を解決しなければいけません。最近では、新型コロナウイルス感染症のまん延が美容業界に大きな打撃となりましたが、そのための対策としてはどんなことをされていましたか。

金内　美容師という職業は対面商売のようなもので、お客様との密着度の強い職業です。ですから、新型コロナウイルス感染症に関してはお客様の来店がぐんと減り、経営に窮した店舗の数は多かったのです。しかしながら美容室は、前回も申し上げたと思いますが、いわゆる公衆衛生の水準の維持と向上を目的としており、社会的使命はそこにあるのですね。ですから、衛生管理に関するその意識と見識は非常に高い職業といえます。そのために、たとえば東京では美容室は2万店以上あるのですが、クラスターの発生はゼロでした。これはまさに奇跡です。それでも経営は苦しくて、私たちは東京都に利用者補助を申請して、なんとか15万円の助成をいただきました。そういうことで、コロナ禍では大変な思いをし、対策に苦労しましたが、それでもお客様に対する衛生管理については、決して手を抜かず、これまで以上に気をつかい、頑張ってきた次第です。

井林　やはり「生活衛生同業組合」との名前の通り、公衆衛生にはかなり気をつけていらっしゃったわけですね。ではアフターコロナというか、コロナ禍が終わった後のこれからの日常に向けての、新しい取り組みや、業界としてのＰＲがあれば教えてください。

金内　厚労省からマスクの着用についての通達が出ていますが、一般にお客様にマスクの着用を求めるのか、それとも自由に任せるのかという問題があります。私たちの業界では、マスクの着用については原則としてお客様の自由に任せ、また各店舗が営業方針として決めればいいということにしています。

井林　そうすると、マスクの着用はお客様の自由で、お客様に着用を求めるかどうかは、店舗ごとの判断に任せるということになるわけですね。私が今日ここに来る前に、地元の学校の卒業式に出席したのですが、みんなマスクを着用していました。まあ着用は本人の自由とはいえ、生徒がマスクを外していたのは、卒業式会場への入場行進と退場する時のみでした。もっとも答辞を読む生徒はマスクを外していましたし、記念撮影の時はマスクはなしでした。まあ、こういうところから、マスクなしの生活が少しずつ始まっていくのだろうと思いますが。その他の業界としての取り組みはありますか。

高齢者向けの訪問美容への取り組み

金内 昨日や今日に始めたものではなく、ここ10年ほど前から始めていることですが、少子高齢化に向けて訪問美容、出張美容というものをやっています。これは右肩上がりで伸びていて、社会貢献のひとつとして、美容組合が美容院に来ることができない方々をフォローするために取り組んでいることです。

井林 やはり女性はお年を召されて足が不自由になっても、綺麗でいたいということですね。

金内 そうですね。口紅ひとつ、頬紅ひとつ付けただけで、元気になり、喜びの声が出るのですから、リハビリに寄与する効果はものすごく大きいです。

井林 訪問美容というのは、私も初めて聞いたテーマですけども、それを含めてやはり高齢化社会は、美容の主要業務にも大きな影響を与えているのですか。

金内 昔は訪問美容の対象は、介護度3以上の人に限定されていました。その後、規制が緩和されまして、今は介護する人でも介護される人でも訪問美容のサービスの対象になっていますし、それから赤ちゃんや妊婦の方、さらには赤ちゃんの面倒を見る人も含めて、訪問美容のサービスを受けることができます。また骨折して美容室に行けない人まで、対象の範囲は広がりました。ただ問題があるのは、美容所に所属していないフリーランスの美容師さんが、チラシに携帯番号を書いて宣伝すると、何も支障のない人まで訪問美容を受けることができると勘違いしてしまうという点です。しかし先ほど申し上げた通り、私たちにとって最も重要なことは衛生管理で、これが野放図になってしまっては大問題です。これが今、私たちが苦悩しているところです。

井林 なるほどですね。美容師さんは美容所で美容を行わなければならないというのが原則ですが、出張が可能になると、フリーランスの美容師さんと区別がつかなくなるということですね。

金内 美容所以外で美容を行われても、誰も管理できませんから。だから、出張美容を行える美容師について、きちんと定義してほしいと厚労省にお願いしているところです。

井林 衛生を担保できるように一定の基準を作ってほしいということですね。

金内 はい。そうでないと、お客様の安心安全が担保されなくなってしまいますから。

井林 そうですよね。特に病気や高齢のために美容院に来ることができない方々は、感染症に弱い方々ですからね。ですから何らかの安全措置というのは、とるべきですね。確かにそれは、大きな問題ですね。なかなか奥の深いお話をお聞かせいただきました。金内さんには次回もおいでいただき、静岡県に対するイメージについてお伺いします。

外国人美容師の問題

（2023年4月19日放送）

井林　おはようございます。井林たつのりのスマイルメッセージです。今回も前回、前々回に続き、美容師さんの全国団体であります全日本美容業生活衛生同業組合連合会の金内光信副理事長にご出演いただいています。金内さん、どうぞよろしくお願いします。

金内　よろしくお願いします。

井林　これまで美容についていろいろとお伺いしました。美容師資格は国家試験であること、そして美容師さんの数が増えているという話もお聞きしました。さて現在では外国人労働者の受け入れが問題になっています。日本人の人口が減少していく一方で、外国人の力を借りて労働力を維持しようということですが、国家資格である美容師の資格を取るのは、外国人の参入は難しいと思いますが、そのあたりの取り組みなどはされていますか。

金内　これまでは、外国の方が美容師の国家資格を取得しても、就労ができなかったのです。ところが毎年、外国の方が美容学校に入学してくるのですよ。美容師の資格を取って母国に帰れば、ちゃんとした仕事にありつけるからです。日本の美容技術は非常に素晴らしいですから、彼らはそれを学びたいのです。ところが、本当に優れた技術は学べないのです。外国人は美容学校で終わってしまい、現場で働けないからです。しかし美容師の資格を与えている以上、働かせないのは矛盾ですよね。そこで私はここ7年間ほど、この問題について取り組んできたのですが、ようやく内閣府が動いてくれて、なんとか是正しようということになりました。今回初めて東京に国家戦略特区認定を受け、外国人が就労できるようになったのです。ただし誤解されやすいのですが、これは人手不足を解消するものではないのです。日本には「クールジャパン」という政策がありまして、これは日本の優れた文化や技術、あるいは商品を世界に広めていこうというものです。そして外国人美容師に働いてもらうということはこの一端を担うもので、日本の優れた美容技術を世界に広めるために外国人の美容師を養成するという行政事業なのです。そして仕事ができる期間を5年に制限しました。そうしないとずっと外国人美容師が日本で働くことになり、日本の労働市場が荒らされてしまうという危険もありますから。しかしながら、もしかしたら将来には、人手不足の解消のために、それよりも長く働いてもらうことになることもありますね。その可能性は否定しませんが、とりあえず現状は育成事業として取り組んできた話です。

井林　そうですよね。こういう時代ですから、外国籍を持ったまま両親に連れられて日本で生活して成長した人たちが、美容に興味がないとは限りません。美容師免許を取り、美容師として働きたいと思う人もいるに違いありません。

金内　もっとも少子化とともに、美容師の志願者の数も少なくなってきますからね。従事者の数の少ない産業は衰退してしまいますから、増やす方向でなければダメです。

井林　なるほど。外国の方でも、美容師になりたいという意欲のある方はぜひ美容学校に行くだけではなく、美容所で働いてもらって、ゆくゆくは母国で活躍してもらいたいですね。それが「クールジャパン」ということですから。静岡県も外国人労働者の方が増えていますので、こういうのは大きな課題になっていくのでしょうね。そういう意味では、東京都の取り組みには大いに注目したいですね。それでは最後に、金内さんが静岡県に対して抱かれている印象や出来事などがあれば、ご紹介いただきたいと思います。

「富士山のような男になれ」

金内　静岡県に関しては、まず何より風土の素晴らしさを痛感します。日本のシンボルである富士山があるからですよ。富士山は日本の代表的な山であり、象徴です。かつて読んだ勝海舟の小説で、「富士山のような男になれ」という一節があり、それに感銘を受けました。いろんな思い出もあります。静岡県は風光明媚なところも多いし、名所もたくさんあります。私にとって静岡県は、憧れの県なのです。ですから静岡県の美容師さんには、ちゃんと美容組合に入会してもらい、一緒に業権を守っていただければありがたいですね。

井林　なるほど。やはり富士山が大変印象に残るということですね。最後に金内さんから静岡県の皆さん、あるいは美容師さんにメッセージをいただきたいと思います。

金内　はい。我々美容組合は皆さんが安心して仕事ができるように、業権をしっかり守ります。それからもうひとつ、それを反映するようにしっかりと皆さんをフォローします。このふたつを使命として活動しています。またお客様の衛生管理をしっかりと維持していくため、政府に対して窓口となるたったひとつの美容組合です。ですから、我々と一緒にやっていただければ、とてもありがたいと思います。

井林　わかりました。現在ではいろんな組合や団体に入らない人が増えていますけれど、やはり「数は力」です。美容師の皆さんの声を政治に反映するために、ぜひ美容組合にご加入いただければと思います。そしてよりよい美容業界をつくることで、生活衛生、美容技術の向上、そして私たち国民へのサービス向上へとつながればと思います。井林たつのりのスマイルメッセージは3回にわたって、全国の美容師さんの団体の組合の全日本美容業生活衛生同業組合連合会の金内光信副理事長に出演をいただきました。金内さん、どうもありがとうございました。

guest

川鍋一朗《かわなべいちろう》氏

一般社団法人全国ハイヤー・タクシー連合会　会長

2018.1.31, 2.7, 2.21

47歳がタクシー業界に新風を吹かせる

（2018年1月31日放送）

井林　おはようございます。本日のゲストは一般社団法人全国ハイヤー・タクシー連合会の川鍋一朗会長です。川鍋会長は日本交通株式会社の代表取締役（2018年時点。以下同じ）をされています。日本交通といえば「桜にN」というマークのタクシーですが、皆さんご存知と思います。川鍋さん、よろしくお願いします。

川鍋氏（以下、敬称略）　お招きありがとうございます。よろしくお願いします。

井林　リスナーの皆さんは、「会長」というと、「ご高齢の方かな」と思われているかもしれませんが、まだよんじゅう……。

川鍋　47歳です。

井林　だいぶお若い方なので、そのおつもりでお聞きください。

川鍋　ありがとうございます（笑）。

井林　さてですね、国会でも連合会の方々にご指導をいただき、取り組んでいるところですが、全タク連（一般社団法人全国ハイヤー・タクシー連合会の略）というか、タクシー業界の取り組みなど、かなり多いと思いますが、そのうちひとつ、ふたつ教えていただきたいと思います。

川鍋　今タクシー業界としては、タクシー産業全体をアップデートしていくというのをかけ声にして、たくさんの新しい取り組みを行っているところです。中でも、諸外国で様々な形でタクシーと同じサービスを行う〝ライドシェア〟と呼ばれるようなもの、これは新しい形態ですね。またこれは違法なんですが、すでに中国人観光客を相手に無免許で行われている〝白タク〟もあります。これを法律違反の部分を改善すべく、指摘していく予定です。我々としても、ＩＴをどんどん利用して進歩していきたいと思っています。そのためにタクシーを進化させる必要があります。私が昨年、連合会の会長に選ばれたのも、タクシー業界全体の「進化するぞ！」という意気込みの表れだと感じています。

ＩＴを駆使してタクシーを進化させる

井林　今、川鍋さんが言われた「ライドシェア」ですが、リスナーさんたちの中では「聞きなれない言葉だ」と思われているかもしれません。簡単にいえば、「ヒッチハイクのインターネット版」のようなものだと思っていただくのが良いでしょうか。

川鍋　まさにそうですね。

井林　厳密にいえば法律的にも難しいのですが、要するに現行では「登録しなければ、お金をもらってお客様を乗せてはいけない」ということになっていますが、いろんな人がインターネットを使って勝手に人を運んでしまえば、安全面や犯罪面で様々なトラブルが生じる危険性が出てきます。それと、勝手に値段を決めることができれば、不当な価格競争が起こりかねない。

川鍋 そうですね。

井林 もっとも、タクシーの数が足りないならまだしも、台数が足りている状況だからこそ、ライドシェアの問題に取り組まれているわけですが、それに対抗する形ということで、実は私も使っていますが、スマホでタクシーを呼ぶサービスがありますね。

川鍋 『全国タクシー』（現：タクシーアプリ『GO』）と称して、北は北海道から南は沖縄まで、全国どこでも使えるタクシーのアプリを運営しています。こちら島田市では平和タクシーさん、藤枝市では藤枝タクシーさん、静岡県全体では静鉄さんなどにお入りいただいております。タクシーアプリとしては、日本で一番多く使われています。

井林 これは便利ですよね。食事をした後、タクシーを呼びたい時。

川鍋 アプリではタクシーが来ている様子も見ることができますし、クレジットカードに登録しておきますと、降り際に精算しなくていいんですね。

井林 現金を払わなくても、自動で支払いができますよね。

川鍋 それは、かなり便利ではないかなと思っています。

井林 まだ利用していらっしゃらない方がいましたら、スマホで『全国タクシー』（現：タクシーアプリ『GO』）のアプリをダウンロードしてみてください。このアプリからタクシーを呼ぶと、料金が高くなることはないですよね。

川鍋　普通の迎車料金と運賃はいただきますが(笑)。いざという時に備えてアプリをダウンロードしておいていただくと、きっとお役に立つと思います。

中国人観光客の白タク問題

井林　もうひとつお聞きしたいのはですね、先ほどおっしゃった「白タク問題」です。静岡県には富士山静岡空港があるんですが、地方の空港では外国人観光客の利用数が多いのです。

川鍋　なるほど。

井林　なにせ、外国人利用者の多くが中国観光客ですから、「白タク問題」は深刻です。当局による取り締まりも一度入ったと聞いています。しかしリスナーの方でほとんど空港を利用されない方は、「白タクとはどういう仕組みなのか」と疑問に思っていらっしゃるでしょうから、そこから教えていただけますか。

川鍋　そうですね。〝白タク〟というのは、昭和30年代にはよくあった形態でした。認可を受けていない人が、自動車に人を乗せて運んでお金をもらうというのは普通にあったのです。トラブルがなければそれでもいいんですが、いざ事故が起こったり、巨額な料金を請求されたりするケースも出てきて、それでは乗客を守れないということで、法律によって認可された人しかタクシー業を行えないようルールが強化されていったのです。ところが今、中国人旅行者の方向けに、在日の中国の方が中国語を話すことができるということを武器に、「(法に触れるが) まあいいじゃないか」ということで、アングラでやっているうちに、利用者がどんどん増えていき、いつの間にか定着してしまいました。これに対して、中国人旅行者の方の安心・安全を確保する面でも、〝白タク〟を取り締まらなければいけないということで、警察や国交省、そして全タク連でも動いているところです。

井林　仕組みとしては、「インターネットでタクシーを呼ぶ」の中国人専用版ですか。

川鍋　そうですね。皆さんも空港で、中国人が運転するミニバンが中国人だけを乗せているのをご覧になったことがあるかもしれません。しかも往来が激しいところで客待ちしていることが多いので、非常に邪魔で危険です。話しかけると、日本語がわからないふりをしているケースも多いですね。もちろんインバウンドの方がたくさん日本に来ていただくのは国策ですからありがたいのですが、こうしたことが堂々と行われるのは、あたかも日本の慣行・慣例を土足で踏み入れられているようで、行きすぎだと思います。我々も中国語を話せる運転手を増やすなど、観光客の利便性を向上させる努力をしていきたいですね。観光先進国を目指す上でも、違法な形態を排除していきたいと思います。

井林　私たちも空港で、「違法タクシー注意」の張り紙は見たくないし、そもそもそんな張り紙があること自体が恥ずかしいです。

川鍋　実は〝白タク〟には事故も多くて、利用した中国人観光客が泣き寝入りしたケースとか、ひどいものでは中国人の車で観光客を送迎して、中国人が経営するお土産物屋しか立ち寄らないというものもあります。それではせっかく中国から日本に観光に来てもらっているのに、日本にお金が落ちません。こういう状況が作られつつあるので、いくら〝観光立国〟と勇んでみても、日本の魅力は伝わらないし、日本の文化も伝統も感じてもらえない。やはりタクシー業界はもちろんですが、地元の商店で買い物をしていただき、日本のホテルや旅館に泊まっていただく。こうした一連の流れを政府も自治体も作っていく必要があると思います。

井林　わかりました。外国人観光客が増え、またＩＴ技術が進化している中で、新たに発生した問題に対して取り組む必要も出てきているわけですね。川鍋さんにはさらにお話をお伺いしたいと思いますので、次回もご出演いただきます。

オリンピックを契機にタクシーがモデルチェンジ

（2018年2月7日放送）

井林　おはようございます。井林たつのりのスマイルメッセージです。今回も一般社団法人全国ハイヤー・タクシー連合会の会長で、日本交通の代表取締役を務められている川鍋一朗さんにご出演いただきます。川鍋さん、よろしくお願いします。

川鍋　おはようございます。よろしくお願いします。

井林　前回の放送でタクシー業界の課題についてお伺いしましたが、これから東京オリンピック・パラリンピックという国家的イベントが始まります。タクシーの需要も高まると思いますが、静岡でも伊豆半島でそのサッカー・ワールドカップも開催されます。

川鍋　大きく分けてふたつの面で、タクシーは進化すべきだと思っています。ひとつは車両自体ですね。昨年秋にトヨタ・ジャパンタクシーというオリンピックに向けたワゴン型タクシーが造られました。ロンドンのタクシーのようなワゴン型で、人も荷物もたくさん載せることができます。実は22年ぶりのフルモデルチェンジで、東京はもちろん、全国に普及させる予定です。

井林　静岡県では個人タクシーが少なく、事業者さんが同じタクシーを使っていて、県内でほとんどがトヨタのコンフォートですが、これがまるごと変わってしまうということですね。

川鍋　コンフォートは名車です。しかし新しい車種はさらに安全性に優れていて、エアバッグが6つも付いています。カーテンエアバッグという最新鋭の設備もあります。また衝突被害軽減ブレーキというのが標準装備になっていて、もともとタクシーは事故が少ないのですが、万が一衝突しても、危険を軽減することができるのです。世界一の安全性が高いタクシーであることは間違いありません。

井林　今より多くの人が乗れるということですが、何人乗れるのですか。

川鍋　すみません、言い方が良くなかったですね。定員は従来通りですが、ユニバーサルデザインといって、車椅子の方もそのまま乗車いただくことができるようになったのです。

井林　車椅子から降りずにそのまま乗れるのですか。それは全車標準になっているのですか。

川鍋　そうです、全車標準です。

井林　では車椅子用のタクシーを呼ぶ必要がなく、普通にタクシーを呼べば車椅子の方も乗れるということですか。

川鍋　国交省からもユニバーサルデザインのタクシーをつくるようにという通達がありまして、トヨタさんも、せっかくタクシーをつくるなら工夫しようということで、助手席が倒れるようになっていまして、スロープさえつければ、車椅子の方もそのまま乗車いただけるようになっています。

井林　パラリンピックの開催を考えれば、それは大きな前進ですね。それでは２０２０年までに、ユニバーサルデザインのタクシーはどのくらい導入されるのですか。

川鍋　東京ではタクシーの３台に１台は確実にこの車両になります。もっとも静岡県ではそれよりは遅れると思いますが、それでも10台のうち１、２台はユニバーサルデザインの車両になると思います。そしてオリンピック・パラリンピックを過ぎて、５年もすれば全車両がこのデザインのものになるだろうと期待しております。

井林　そうすれば、これから10年もたたないうちにということですか。

川鍋　そうですね。この車両はハイブリッドなので燃費が良く、最新の設計なので運転手もお客様にも座り心地が良いのです。これから爆発的に普及しますよ。

井林　静岡でも新しい車両が増えていくということですので、皆さん、新しいタクシーを見たら乗ってみてください。

決済方法が次々と先進化

川鍋　そしてふたつめですが、クレジット決済機を全車に付け、さらにＩＣ対応もできるようにすることです。防犯がしっかりできていますので、１万円以下の料金の場合にはサインや暗証番号が不要になり、タッチ決済で終わりです。またＩＣカードも電子マネーも全部使えるような決済端末を全車に備えます。特に主要都市では、２０２０年までに搭載率を１００％にするという計画です。

井林　確かにコンビニでもＩＣカードが使えますし、静岡ではＪＲ東海さんのＴＯＩＣＡですね。大変便利になりますね。

川鍋　タクシーは動きますので、決済のための通信を安定させるのが大変だったのですが、ようやく技術が進歩して、タクシーにも端末を備えることができるようになりました。

井林　それは非常に便利ですね。忙しい時にピッで決済ができるのですから。

川鍋　またお客様が「１万円札しかない」というような、おつりをもらうのに手間がかかるようなこともありません。これはオリンピック・パラリンピックまでに相当進歩するはずです。先ほどお話ししたジャパンタクシーよりも、浸透が早いでしょう。もう少しお待ちいただければと思います。

井林　リスナーの方は、これからはＳｕｉｃａやＴＯＩＣＡのようなＩＣカードを常に携帯いただいて、電車やバスのみならずタクシーでも乗れるわけですね。これから「移動はピッで」の時代ですね。

川鍋　そうですね。地元の平和タクシーさんにも藤枝タクシーさんにも、静鉄さんにも頑張っていただいて。

井林　ぜひ導入してください。

川鍋　よろしくお願いします。

井林　ということで、あっという間に時間が来てしまいました。川鍋さんには次回もご出演いただき、もっといろいろお聞きしたいと思います。

静岡県には親戚・知人がたくさんいる

（２０１８年２月21日放送）

井林　おはようございます。井林たつのりのスマイルメッセージです。前々回、前回に引き続き、今回も全国ハイヤー・タクシー連合会の会長で、日本交通の代表取締役を務められている川鍋一朗さんにお越しいただき、お話をお伺いします。川鍋さん、よろしくお願いします。

川鍋　よろしくお願いします。

井林　この放送はＦＭ島田ということで、リスナーの方は静岡の方がほとんどですので、川鍋会長ご自身の静岡県に対する印象や静岡県とのご縁、あるいは静岡県で今、川鍋さんが行われていることですね、そういう話題についてお話しいただけますでしょうか。

川鍋　実は私、静岡県にベースがあったり、「静岡」を名称に持つ会社や社長さんの知り合いが多いんです。遠い親戚で「大昭和紙工業産業」さんもいますし、「矢崎グループ」さんとか、「巴川製紙」さんとか。もちろん関東圏に近いということもあるのでしょうが、やはり静岡県は産業の集積地で、タクシーもそうですが、古くからの名門の会社がたくさんあって、そうした方々と親しくお付き合いさせていただいているなあと、今回改めて思った次第です。「鈴与」さんはご存知でしょう。いつもよくしていただいております。日本交通自体は最近では関西にも展開しているのですが、東京をベースにしています。ですから取引銀行さんは東京の銀行が多いのですが、ご縁があるのでしょう。唯一静岡銀行さんともお取引させていただいております。かなり前からの取引なので、今ではなぜ静岡銀行さんと取引させていただくことになったのかという経緯はよくわかりません。しかしなぜかいろいろご縁があって、お世話になっておりますので、ビジネス上もプライベートな面でも、人的に交流させていただいております。

井林　それじゃ、静岡の人は東京に来たら、「桜にＮ」のマークの日本交通のタクシーにぜひ乗らなければいけませんね。

川鍋　それはぜひ、お願いします(笑)。ありがとうございます。

井林　ではリスナーの皆さま、上京された時、「桜にN」のマークのタクシーを見つけたらすぐに乗るということで、お願いします！

川鍋　私は古くから、静岡の方は派手な方は多くないけれど、人のいい方が多いという印象を持っていて、それがお会いするごとに強調されるんですね。実は昔の彼女が静岡出身で……。ということも含め……。

井林　おお！　川鍋さんの昔の彼女は静岡のご出身だったんですね。

川鍋　今の奥さんじゃないですよ(笑)。これ、言っちゃいけなかったかな(笑)。

井林　(笑)。

真面目な県民性に好印象

川鍋　そして私は昔、コンサルティング業界におりまして、関西や北陸など4か所くらいの拠点を同時にコンサルティングしたのですが、静岡市のプロジェクトは他と比べて断トツ進捗が良くて、やはり静岡の方は真面目に実直にこちらの話を聞いていただき、素直にやっていただいて、一番良い結果が出たのです。当時私はまだ20代でしたので、静岡の皆さんはありがたいなあと思いました。

井林　静岡県は所得も含めて、全国の平均と言われています。新しい製品を全国的に販売する時もまず静岡で売ってみて、その反応を見るということが行われていると聞いています。

川鍋　なるほど。そうなんですね。

井林　だから、静岡で上手くいくと、たぶん全国的にもじわじわと良い方向に展開できるのではないかと思います。このように静岡県に関して仕事の面でも人間関係でも、非常に良いお付き合いをされている川鍋さんですが、静岡県全体についてはどのような印象をお持ちでしょうか。

川鍋　やはり静岡県というと、綺麗な海がありますし、素晴らしいゴルフ場もたくさんあります。また富士山をはじめ、山もある。私は茶道をたしなみますが、お茶の名産地であることも、非常に印象深いですね。東京とも近いですし、交流も盛んで、静岡県はとてもありがたい県だと認識しています。

井林　最大に賛辞していただき、とても嬉しいです。川鍋さんにそのように思っていただけると、静岡県としても、とてもありがたいことです。そしてその印象が壊れないように、私たちも静岡県をよりよくしていかなければならないと思っています。最後に、川鍋さんにはこの番組に3回ご出演いただきましたが、静岡県の皆さんへのメッセージというのをいただけませんでしょうか。これはタクシー事業者の方や運転手の方に対するものでも良いですし、一般の方に対してでもかまいません。まさに今、タクシーに乗っているお客さんに対してでもけっこうです。またそれぞれに対してでもけっこうです。よろしくお願いします。

川鍋　はい。まずはタクシーに乗っていただいている皆さま、ありがとうございます。皆さまにとって「ああしたらいい」「こうしてほしい」などといったご要望もたくさんあると思います。そうしたご要望についてはぜひ、地元の事業者さんにお伝えいただくとか、車に備えられているカードに記載いただくとか、ぜひ皆さまのお声をお寄せください。静岡でタクシーの乗務員をしていただいている方々には、会長として大いに期待しております。ぜひお客様に真心を込めたサービスを行っていただきたいと、皆さんの頑張りに感謝しております。そして最後に静岡のタクシー事業者の皆さまには、東京はもちろん頑張りますが、皆さんと一緒にタクシー業界を盛り上げていきたいと思っていますので、ぜひご協力いただけますよう、よろしくお願い申し上げます。

井林　これを聞いていただいている皆さん、タクシーがより身近に感じられたと思います。

川鍋　タクシーの進化をお約束いたします。

井林　3度にわたって一般社団法人全国ハイヤー・タクシー連合会会長でもあり、日本交通株式会社代表取締役も務められております川鍋一朗さんにお話しいただきました。川鍋さん、ありがとうございました。

guest

佐《さ》々《さ》木《き》洋《よう》平《へい》氏

一般社団法人大日本猟友会　会長

2023.8.30, 9.6, 9.20

日本の狩猟は農耕文化から始まった

（2023年8月30日放送）

井林　おはようございます。井林たつのりのスマイルメッセージです。本日は一般社団法人大日本猟友会の佐々木洋平会長をお迎えしております。佐々木さん、よろしくお願いします。

佐々木氏（以下、敬称略）　よろしくお願いします。お招きいただき、ありがとうございます。

井林　まず、大日本猟友会という名前を聞くと、この番組のリスナーさんには、イノシシや鹿の猟をする会なのだなと思う方も多いと思います。あらためてどういう団体で、どういうことを取り組んでいるのかなどを教えていただけますか。

佐々木　大日本猟友会の歴史を申し上げると、明治28年に旧狩猟法が制定されました。それを受けて昭和4年に大猟友会が結成され、昭和14年に社団法人の認可を受けました。昭和46年に環境庁が設置され、それまで我々は林野庁の管轄だったのですが、それ以降は環境庁の所管となっています。ですから今ではその目的は、狩猟というよりも自然環境保護にシフトするようになりました。ヨーロッパでは貴族のスポーツハンティングから狩猟が始まったと言われますが、日本では農村社会から発生した文化だと言われています。というのも、江戸時代には国内に約160万丁もの火縄銃があったのです。イノシシなど鳥獣の被害を小さくするため、農繁期になると鳥獣被害を押さえるために、庄屋さんが火縄銃を農家に「貸し弾」として貸し与え、農閑期になると貸していた火縄銃を回収し、庄屋さんが管理していました。だからこれは「銃」というよりも「農具」という位置づけになりますね。それが、日本の狩猟の始まりだったということです。だから当時の日本は世界一の銃保有国だったのではないかと思います。このようにして始まった日本の狩猟ですが、明治、大正、昭和といった戦前の時代には、鹿やイノシシの肉は食材、ウサギやタヌキのなどの皮は革製品として、地域の経済に大変貢献しました。例えば北海道を開拓していた時代には、年間で13万頭の鹿を捕獲していたのです。今でもまだ札幌近郊に缶詰工場が残っていますが、そこで捕獲した鹿の肉を加工し、輸出もしていました。だから、地方における経済効果は大きかったのではないかと思っています。また昭和13年から20年頃までは、軍からの要請があって、年間にウサギが約100万羽分、イノシシが約20万頭、鹿30万頭分の皮革などを毎年政府に供出していたのです。そういうことで、非常な乱獲となり、一気にイノシシや鹿が減ってしまったのです。

戦後は鳥獣保護政策へ

佐々木　そこで戦後には一転してこうした野生の鳥獣の保護政策を行うことになりましたが、今度は保護政策が行き過ぎてしまい、鹿やイノシシが異常に増殖してしまいました。我々猟友会は野生動物の保護管理の役割を担っています。趣味のためにするというよりは有害鳥獣の駆除という方にシフトしているのです。もちろん駆除の際の事故防止に対応する必要もあります。このようにしっかりと狩猟に対応することこそ、私たちの社会貢献といえるものです。そして今、最も大事なのは8つの法律があることです。8つもの法律がある組織は外にないと思いますよ。銃刀法から始まり、鳥獣保護管理法や食品衛生法、地方自治法、保険業法……。しかし中にはひどく不条理な法律もあるのです。

井林　それは何ですか。

佐々木　ちょっとご紹介したいと思います。たとえば2011年3月に東日本大震災が発生し、その時に271人の銃が流されたのです。

井林　津波でですか。

佐々木　そうです。銃は5キロくらいの重さがあるので、それを持って津波から逃げるわけにはいきません。自宅に置いてあった銃のほとんどが流され、紛失してしまったのです。しかし「1銃1許可」ですから、「その銃」を持っていなければ免許がないのと同じで、狩猟ができないのです。一般的に免許制度だと免許証があればいいのですが、狩猟の銃だけはそういうわけにはいかず、銃をなくせば「初心者」になってしまったのです。

井林　なんと。

佐々木　そのあたりの人たちはほとんどライフル銃を持っていたのですが、ライフル銃は（いったん資格が失効すれば）10年たたないと免許を持てないのです。そこで我々も反対運動し、ようやく試験を受けて3年すれば免許を取れるところまでこぎつけました。今は災害で紛失した場合、申請をすればすぐさま新たな銃で免許を取ることができますが、以前はそうではなかったのです。そういう不条理な法律がいっぱいあるのですよ。技能講習もそうです。いきなり「検定試験をやる」とこうなったのですね。我々はすでに免許を持っているのに、なぜか「3年に1度の検定試験に合格しなければならない」ということになったのです。でも我々は国家資格を持っているんです。そこで猛反対したところ、散弾銃については緩和措置がとられました。しかしライフル銃はダメだということで、立射試験が行われることになったのです。その合格基準は10発のうち3発当たらないといけないものでした。しかし多くは1発も当たりません。私だって9割は外れます。そもそも立って撃てば、当たらないのです。必ず銃を置いて据えて撃つんですよ。

井林　寝そべるんですか。

佐々木　いや、寝そべっては打ちません。膝を台にして、こうやって撃つんです。それを立射で撃てといっても、できはしません。徹底的に反対して、ようやく認めてもらいました。今はそういうことはなくなりましたが、いろんな不条理な法律が多々あったのです。まだそういうことがいっぱいあったのですが、そういうことでいろいろとやって、組織的には全国規模の組織として大日本猟友会があり、その下に都道府県猟友会という組織があります。そしてその下に1470くらいの各市町村に支部があるのです。それから今は第一種猟銃資格取得者が50000人、罠猟《わなりょう》資格取得者が40000人くらいということになっています。

井林　圧倒的に銃が多いのですね。

佐々木　もちろん銃の方が多いですね。もともと猟友会は罠猟についてはその範疇ではなかったのですが、マナーを徹底するために指導しろという行政指導があったのです。実のところ猟友会としては、あまり本意ではなかったのです。鳥獣の通り道などに針金やワイヤーロープで輪を作り、鳥獣の足や体をくくって獲る罠を「くくり罠」といいますが、これについては外国から批判が出ています。「虐待ではないか」というわけです。外国には「くくり罠」というのはないですから。

井林　ありがとうございます。まだまだ話が出てきそうですが、これ以降の話は次回でお伺いします。

農業従事者の減少とともに会員数も減少

（2023年9月6日放送）

井林　おはようございます。井林たつのりのスマイルメッセージです。今日の放送も前回に引き続き、一般社団法人大日本猟友会の佐々木洋平会長においでいただき、お話をいただきます。佐々木さん、よろしくお願いいたします。

佐々木　はい、よろしくお願いします。

井林　前回の放送では、日本では江戸時代に160万丁も火縄銃が農村にあって、それを庄屋さんが管理を行い、鳥獣害対策に使われていたというお話を聞かせていただきました。現在では田んぼの面積などはもっと多くなっていますが、猟友会の会員さんの数が減っている、そのあたりの経緯や背景についてお話しいただきたいと思います。

佐々木　会員数は、昭和50年代には45万人ほどでした。ところがどんどん減少して、平成25年には12万人になってしまい、現在では10万人くらいです。激減の理由は、時代の変化です。昭和の時代には、農村社会では狩猟を行うことは一種のステータスだったのです。ですから農家の皆さんの多くは、狩猟を楽しんでいました。ところが農林業が衰退するにしたがって、そういう狩猟もなくなってきたのです。ですから、猟友会のメンバーが減少した一番の理由は、農業従事者の減少です。それから銃刀法の改正が挙げられますね。銃刀の規制がどんどん厳しくなり、昔のように銃を玄関先に置いたままにするようなことができなくなりました。そうなると厳しい規制を嫌って、狩猟を止めてしまう人も出てきます。さらに、レジャーの多様化も原因のひとつでしょう。様々なレジャーが普及してきたので、そちらに趣味を変える人も出てきました。

「狩りガール」が狩猟を支える？

佐々木　そういうことで、会員減少をなんとか食い止め、増やしていこうといろいろな施策を行っているところですが、ここ最近ではおかげ様で、女性ハンターが増えています。よく「狩りガール」などと言われていますが、３５００人くらいが猟友会の会員です。全体の会員数が10万人なので、３・3パーセントくらいですね。おそらく3年もたてば、7パーセントになるかもしれません。女性の会員さんに聞いてみると、社会貢献として鳥獣を駆除しなければというよりも、「自分が獲ったものを食べてみたい」という動機の方が多いようです。それで良いのですよ。とにかく関心を持っていただければありがたいし、多くの人が猟友会に参加していただくことが重要です。いずれにしろ女性ハンターが増加することは、組織の活性化などにつながっていくのではと期待しています。

井林　事前にいただいた資料で女性ハンターが増加している事実を知って、私もびっくりしました。女性はどんな分野でも一生懸命やるものですが、ここまで女性が、しかも若い女性が会員になっているとは、他ではなかなかない業界ですよね。

佐々木　それからもうひとつ、若い女性は鹿などを捕らえて解体し、内臓を処理するのはけっこう平気でやりますが、若い男性はダメなんですよね。もちろん「血を見るのは嫌だ」という女性会員もいますが、その一方で「これが心臓ですか」など旺盛な好奇心を持って解体の様子を見入る女性もいます。ですから「狩りガール」が増えることは素晴らしいことだと思っています。

井林　なるほど。「狩り女の会」などもあるそうですね。

佐々木　(笑)。

井林　若い人たちも参入しているということですが、そういう中でも動植物の保護などヨーロッパ的な考えも入ってきて、銃は別としても様々な規制があると思うのですが、猟友会にとってはどんな課題があるのでしょうか。

佐々木 前回の放送でお話しした通り、狩猟には8つの法律があります。しかし不条理な法律であっても、我々団体で改正や撤廃することは一切できません。できるのは立法府だけなのです。ですから国会議員さんが「これはやはりおかしい」というように理解していただければ、初めて改正は実現します。ですから我々としましては、会員の皆さんから少しずつカンパをいただいて政治連盟をつくっています。また自民党さんにも「鳥獣対策議員連盟」をつくっていただき、今では150名ほど参加いただいております。歴代の会長さんも力のある議員で、初代会長は小泉政権で幹事長だった武部勤さん、前会長は衆議院議長を務められた大島理森さん、そして現在は二階俊博会長です。いずれも狩猟にご理解いただきましたし、そうした歴代会長さんのご指導の下で議連はしょっちゅう開かれてきましたが、いろんな意味で意見交換を行いながら、様々な課題について自民党鳥獣議連の先生にご指導いただいています。そのおかげで今日の猟友会があるのだと思っております。

違法な猟法を許すな

井林 いただいた資料によりますと、「罠の形を変える」というのがあったのですが、これはどういうことですか。

佐々木　それは「くくり罠」ですね。「くくり罠」はもともと縦横、直径が12センチメートルと決められています。ところが最も狭いところが12センチメートルあればいいという解釈で、草履《ぞうり》型の罠がつくられはじめました。獲物がかかりやすいように罠のサイズを大きくするためですが、これは違法です。たとえばこれほどのサイズの罠であれば、熊も人間も入ります。でも縦横直径が12センチメートルだと、小学校高学年くらいの体型では入りません。熊も入りません。人間が罠にかかってしまうという事故も多々あるんですよ。とても危険です。しかし環境省が草履型のくくり罠を許してしまいました。でも3年後にはおそらく禁止されますよ。それともうひとつ、「無双網」があります。無双網とは網を地面に伏せておいて、獲物の鳥がやってくると網につながったロープを引いて、鳥の上に網をかぶせる狩猟法です。手動で10羽や15羽を獲る仕掛けだったのですが、今ではもっと大規模な電動式のものとなり、一度に600羽くらい捕獲します。鳥がやってくるのは夕方で、網の中に捕まるのは夜ですが、その鳥は暴れて網から首を出し、その首が切れて死んでしまうのです。捕まる鳥は様々な種類があり、中には成長しきっていない鴨もいますし、そういうのを殺してしまう。それは狩猟ではないということで、禁止される方向です。

井林　なるほど、いろんな課題があって取り組みがあるということですね。猟友会の世界もなかなか奥が深いですね。

狩猟の愉しみ、醍醐味

（2023年9月20日放送）

井林　おはようございます。井林たつのりのスマイルメッセージです。前回と前々回に続きまして、大日本猟友会の佐々木洋平会長にご出演いただいております。佐々木さん、よろしくお願いします。

佐々木　よろしくお願いします。

井林　前回、前々回の放送では、江戸時代から村の庄屋さんが火縄銃を配って、鳥獣を駆除していた歴史とか、また鳥を捕まえる罠がだんだんと高度になり、鳥の首が切れて死んでしまうため、規制をかける必要があるのではないかなど、節度ある狩猟を目指してご苦労されているお話をお伺いしました。今回は狩猟をするということの愉しみについて、お話しいただきたいと思います。

佐々木　私は、狩猟は非常に魅力があり、最高の道楽であると思っています。自然の中でその素晴らしさを体感しながら、野生の鳥獣を観察できるこの楽しさは、味わった人しかわからないものです。また野生の鳥獣との知恵比べという側面もあります。彼らも知恵がありますが、我々も知恵があり、さらに技術も持っています。また猟友も猟犬も一緒です。チームワークで動く楽しさもあります。また獲物、いわゆるジビエを食べるという楽しみもあります。そうした様々な要素が入り組んで、狩猟は非常に奥の深いスポーツであり、社会貢献の側面も有しています。そのジビエですが、鹿肉などは鉄分が豚肉の5倍くらいあるのです。しかも高タンパク質なので、アスリートの食事に適しています。今、日体大などではアスリートに積極的に食べさせていますね。また高タンパク質で鉄分が多いため、美容に良いと、女性に人気があります。ジビエを出すお店では、お客さんの7割くらいが女性が占めているとと言われています。そうやって我々も狩猟を広める努力をしていますが、欧米ほど狩猟の社会的ステータスは高くありません。ヨーロッパでは社交界でデビューする際にも、狩猟免許が必要だとか、そういうこともあるそうなのですが、日本ではまだまだですね。我々は唯一の野生動物の保護管理者であると自負しているのですが、なかなかそのように認識してもらえません。せいぜい「鉄砲撃ちか」という程度の認識なので、猟友会を国民から信頼され、尊敬されるような組織にしたいと思っています。

静岡県は有数の狩猟県

井林　なるほど。これまでは全国的なお話を伺いましたので、次は静岡県の猟友会についてや佐々木さんが静岡県に対して抱いていらっしゃるイメージ、あるいは印象に残っている出来事などについてお話しいただけますか。

佐々木　一般社団法人静岡県猟友会は今、金澤俊二郎会長のもとで非常にしっかりとやっていらっしゃると思います。私も金澤さんと強い信頼関係がありますし、役員の皆さんや職員の皆さんもしっかりしています。そういうことで上手く連携しながらやっています。先般、環境省から、猟銃の安全使用に関するビデオを作るということで、静岡県猟友会の協力を得たいとの相談がありました。私も静岡県が良いと思っていましたから、金澤会長を中心にして、立派なビデオを作っていただきました。いろんな場面に即した見事な内容でした。これを全国の猟友会の会員に購入してもらい、保有してもらっています。そういうことで、環境省をはじめ、役所もやはり静岡県を注目しているのだなと思った次第です。そして静岡県は猟友会の会員が多いのですよ。北海道は別格ですが、静岡県猟友会の会員数は3415人で、全国第3位です。

井林　おっ、第3位ですか。すごいですね。

佐々木　ライフル銃・散弾銃を持つ第一種銃猟者は1888人で、これは北海道を除けば1位です。

井林　すごいですね。

佐々木　そして女性会員は135名で、北海道を除きますと3位になります。

井林　これもすごいですね。

佐々木　それから鹿イノシシの捕獲数は4万頭で、全国で9位ですね。そして鳥獣による農作物の被害額は1億5000万円で、まさに静岡県は日本を代表する狩猟県ですね。そういう意味で県内の第1種銃猟者は、いろんな知恵を出して工夫されているのだろうと思います。そういう意味で、静岡県は素晴らしい県だと私は理解しています。また静岡県といえばお茶ですが、鹿はお茶を食べないと私は思っていたのですが、実は大好物なんですね。

井林　そうなんですよ。今、鹿はお茶の葉を食べるんですよ。

佐々木　鹿がお茶の葉を食べると聞いて驚きました。また他の果物も食べるんですね。だからそうした獣害を減らすために、我々の役割は大きいのだろうと思っています。

井林　静岡県の猟友会は本当に大きいのですね。3位はすごいと思います。普通は静岡県は10位とか15位というのはよく聞くのですが、これは金澤会長をはじめとした静岡県猟友会の皆さんのご尽力のおかげですね。ぜひともさらにメンバーを増やしていただき、鳥獣害対策は本当に重要ですので、力強く進めていただきたいと思っております。そろそろ最後になりますので、佐々木さんから静岡県の皆さんに対してメッセージをいただければと思います。

佐々木　個人的な話ですが、私は何かありますと、信頼関係のある金澤会長と必ず相談しています。そういう意味では今まで以上に役職員や会員が一緒になり、獣害捕獲等々で新しい人材も入ってきますので、より素晴らしい静岡県猟友会に発展するようにご祈念申し上げたいと思います。

井林　ありがとうございました。井林たつのりのスマイルメッセージでは、大日本猟友会の佐々木洋平会長にご出演いただき、3回にわたって猟友会の歴史的な背景や課題をお話しいただきました。なんといっても静岡県の猟友会が、全国トップクラスの猟友会であることをご紹介をいただき、感動しております。佐々木さん、ありがとうございました。

guest

島《しま》田《だ》泰《たい》助《すけ》氏

一般社団法人日本木材組合連合会　副会長

2020.7.29, 8.5, 8.19

新しい木造建築へ

（2020年7月29日放送）

井林　おはようございます。井林たつのりのスマイルメッセージです。今日は一般社団法人全国木材組合連合会の島田泰助副会長をお迎えしてお送りしています。島田や藤枝や焼津などにも製材所がありますね。大きな工場があって、切った木を整えるお仕事ですね。木材屋さんとお呼びする方がわかりやすいかもしれません。その全国団体である全国木材組合連合会の島田泰助副会長においでいただいています。島田さん、よろしくお願いします。

島田氏（以下、敬称略）　おはようございます。よろしくお願いします。

井林　先ほど、木材組合連合会は木材屋さんの集まりだとお話ししたのですが、全国木材組合連合さんとして、どのような課題に取り組んでいらっしゃいますか。

島田　我々全国木材組合連合会は全木連と呼ばれていますが、木材業者さんたちの団体なので、木を使っていただいて木材産業を振興していく、また林業を活発にしていく取り組みをしています。我々の現在の一番大きな課題は、木材を使うことは森林を元気にすることになるということを多くの人に知ってもらい、外材との競争や他資材との競争がある中、国産木材の需要を拡大して日本林業を元気にしていくということだと思っています。戦後、日本の山には多くの木が植えられました。皆さんの周りでも戦後植えられたスギやヒノキの人工林が多く見られると思いますが、それらが70年近くたって、伐採して使える時代になりました。今はそれを伐って使って植え替えて、森を若返らせていかなければならないという時代になっているので、成長した木を住宅やビルなどにうまく活用していくということが、我々の最も大きなこれからの課題となっています。

井林　木造建築を一生懸命に振興していく上で当然のことながら、国産材を使っていこうということになりますが、注文住宅などはまだ木造が主流ですよね。鉄筋コンクリート造りの家というのはなかなか見かけません。

新しい素材の開発

島田　日本人はやはり木に囲まれた生活が好きなので、国産の木材の主要な用途は住宅用となっています。ですが、今の少子高齢化が進むと、新しく建つ木造住宅はどんどん少なくなると言われています。その中で木材の新しい需要先として、これまではあまり木材を使用してこなかった都市部の中高層建築物、すなわちマンションやオフィスビルなどに国内の木材を使ってもらう、こうした建物を木造化していくということを進めていきたいと思っています。

井林　なるほど。そういうことでいうと、我々国会議員の間で今話題となっているのはＣＬＴです。

詳しくはよく知りませんが、集合材というのでしょうか。木の板を重ねたパネルのようなものですね。CLTは非常に強度が強く、高い建物を建てることができるというものですが、CLTの原理や使われ方について、教えていただけませんでしょうか。

島田 CLT（直交集成板・Cross Laminated Timber）は強くて良い材料です。しかし加工に手間がかかり、コストも意外と高くつきます。ですから、本当に強度が必要なところには、積極的に使用していきたいと思っていますが、一般の住宅などそれほど強度が必要ではない建物の部材については、一般の製材品でも十分に活用できると考えています。

井林 外国ではCLTを使って5階建てや7階建ての建物が建てられていると聞きますが、日本ではどのくらいからCLTが使われるのですか。

島田 スティールとのハイブリッドのものだと、10階以上の建物を建てることができます。また最近ではSDGsの動きや地球環境問題などを背景として、木材を使うことに高い関心を持つ企業が増えているのです。今までは耐火などの面で木造ではなかなか高い建物を建てることができなかったのですが、どんどんと技術開発が進み建築基準法の耐火基準をクリアする部材も登場し、中高層の純木造のビルが現実に建てられつつあります。横浜では、木造の11階建てのビルを大林組が建てていますし、東京では9階建て、仙台では7階建ての木造のビルができようとしています。

木造の高層ビルも建設可能に

井林　なるほど。燃えにくい木造のビルというのは、なかなか想像できないのですが、要するに木造のビルを建設するには、強度が問題というよりも耐火性が大きな問題で、それがいろいろな技術開発が進んだために、クリアできるようになったわけですね。またいただいた資料によると、小学校や旅館も造られているのですね。「日本平夢《にほんだいらゆめ》テラス」なども入っていて、やはり素材の品質やレベルが年々上がってきているということなのでしょうか。

島田　それはもう、毎年レベルは上がっています。たとえば10年前には公共建築物の木造化を進めるための「木材利用促進法」という法律が成立しましたが、それまでは巨大な建築物や中高層の建築物というのは木造では無理だと誰もが思っていたのです。耐火の面や耐震性の面もあり木造での中高層建築物は不可能だと考えられており、また、制度上もできない仕組みになっていました。公共建築物の中で木材を使って建ててみたら、意外と価格競争力もあるし強さもあるし、耐火性もクリアできるということがわかってきたので、新しい技術が生まれ始め、どんどん広がっているところです。そうした技術を生かし、素晴らしい木造の中高層建物が、全国各地に建てられ始めています。

井林　資料を見せていただいたら、すごいですね。糸魚川市の復興住宅というのがありました。糸魚川市は２０１６年12月に大火事が発生し、１４７棟が被害を受けましたが、この公営住宅を木造で造っているのですね。なかなか勇気のある、しかし斬新な発想だと思いますが、こういうのもやはり耐火性や耐震性を技術的にクリアしているからこそ行われているのですね。

島田　国交省の建築基準法には、耐火規制が入っています。ですから、ある程度の建物を建てる時には、もちろんその規制をクリアしなければいけません。今では木造でも耐火仕様の資材を使えば、十分に対応できます。現実に「3時間耐火規制」をクリアできる部材はもうできていますので、建築基準法上は超高層ビルの建築も、そうした条件を満たす木材の部材でもって建設できる条件が整っています。

井林　なるほどですね。私は最初に「3時間耐火」と聞いた時には、「3時間も火に炙られて、木材が燃えないはずがない」と半信半疑だったのですが、そうはならないような様々な加工技術ができているのですね。私が聞いた話だと、鉄筋コンクリートの建築よりも短い工期で済む事例も出てきたということなので、非常にバランスがとれた方法なのでしょう。島田さんにはまだまだお話をお伺いしたいので、次回もご出演いただきます。

昔から盛んだった木材産業

（2020年8月5日放送）

井林　おはようございます。井林たつのりのスマイルメッセージです。今日も前回に引き続き、一般社団法人全国木材組合連合会の島田泰助副会長にお話を伺います。島田さん、どうぞよろしくお願いします。

島田　どうぞよろしくお願いします。

井林　前回の放送では、国産の木材の振興ということで、一般住宅ばかりではなく、オフィスビルも木材で建てられることができるようになったこと、またCLTという強度の強い部材についての話も伺いました。そして今回は、ここ大井川筋を含めた地域、さらには静岡県でいくと天竜、伊豆なども古くから林業が盛んな地域ですので、そうしたところの話を伺いたいと思います。まず島田さんには静岡県全体の林業について、どのようなイメージをお持ちですか。

島田　そうですね。静岡県はやはり林業が大変盛んで、昔から木材産業が栄えてきたところだというイメージですね。大井川筋の話でいえば、源流である南アルプスの山々が非常に深くて、良質の木材が出るということで昔から有名だったと聞いています。国有林も非常に多く、私が林野庁に入った昭和50年代前半には、全国で350の営林署がありましたが、その中でも、千頭《せんず》は最も事業量の多い営林署だと言われていた時代だったのです。源流部の国有林などから出た優良な木材が島田の辺りで集積され、そこで木材産業が非常に盛んになったと聞いています。

井林　千頭営林署の話は、私が生まれた頃がピークで、非常に多くの人が働いていたと聞きました。人によっては800人ぐらいの職員さんが働いていたという話でした。ですから、その家族も含め、それだけの人が住んでいたんだから、大変にぎわっていたのでしょうね。それだけで街がひとつできるくらいのイメージです。そのくらいの人たちが千頭の営林署で働いていたのですね。ところで千頭国有林は、寸又峡《すまたきょう》温泉の奥になります。川根本町の面積の4分の1くらいは占めるでしょうか。そのくらい大きな事業所で、大変多くの木が伐採され、島田市は「木都の島田」と言われるほどでした。

天竜川流域に広がる日本三大人工美林

井林　その他に木材産業で有名なところといいますと天竜ですが、いかがでしょう。

島田　そうですね。やはり静岡県といいますと、富士山や南アルプスなど非常に高い山がありまして、そこから太平洋に注ぐ河川はいずれも急流なんです。富士川は日本三大急流のひとつに数えられていますが、天竜川も大井川もそれに負けないほど急流です。そうしたエリアで昔から林業が行われてきたのですが、広い林道も森林鉄道もない時代には、川を使って木を流してきました。そもそも江戸時代の輸送は船でしたし、静岡は江戸にも近く、大火があった後の江戸の復興に静岡から木材が運ばれたという話を聞いています。また、山は木を切った後に植林しないと荒れてしまうのですが、過伐が原因で上流の森林が荒れて、下流で災害が発生してきたということも聞きました。そうした中で特に私の記憶に残っているのは、林業を勉強し始めた時に習った天竜地区の金原明善《きんぱらめいぜん》侯の話です。金原明善は「暴れ天竜」と言われた天竜川を治めるために、上流の山林で幅広く植林を行いました。植林によって、天竜川の治水に取り組んだのです。それがもとになって今、天竜川沿いにあるスギ・ヒノキの人工林は、日本3大人工美林のひとつに数えられています。ちなみにほかの3大人工美林といえば、ひとつは奈良県の吉野スギ、もうひとつは三重県の尾鷲《おわせ》ヒノキですが、これらに負けない素晴らしい森が天竜川流域に広がっており、それをベースに日本で最も優秀だといわれる木材産業が静岡県で育ったと、私はそういう印象を持っています。

井林　私たち地元の人間にすれば、天竜川流域は木材産業が盛んだとは理解していましたが、日本3大人工美林といわれるくらい、日本のトップクラスであることはなかなか理解できていませんでした。それにしても金原明善以来、天竜川流域は素晴らしい木材の供給地だったわけですが、これから先も静岡県がこの木材産業、製材業をしっかりとやっていく上での地の利も含めた可能性について、島田さんはどのようにお考えになっていますか。

島田　静岡県の森林の面積や森林産業の蓄積についてみると、ほぼ全国平均です。日本の森林率はおよそ7割ですが、静岡県は森林率が65%を超えて7割に近い。その中で人工林の割合は若干高くなっています。そうした過去に植林された木が旺盛に育っていますから、資源という面では木材産業の可能性は相当大きなものがあると思います。そもそも静岡県は昔から木材産業が盛んでしたし、静岡県の皆さまは木をよく使ってきて、木についてよくご存知です。新しい時代になり環境面から木材がもっと見直されると、成長する森林資源を背景に静岡県の林業、木材産業が基幹産業になって地域を支えていくようになるのも夢ではなく、その可能性は十分にあると私たちは思っています。

井林　なるほどですね。静岡県の森林は全国の平均というわけですから、逆に言えば、静岡県が成功するかどうかが、全国の各地にある林業、そして木材産業が成長していけるかどうか、また重要な地位を占めるかどうかという試金石になるということですね。島田さんには次回もご出演いただき、引き続きお話をお伺いします。

機能美と快適さを兼ね備えた木造オフィスビル

（2020年8月19日放送）

井林　おはようございます。井林たつのりのスマイルメッセージです。今日も前回、前々回に引き続きまして、製材屋さんの全国団体である一般社団法人全国木材組合連合会の島田泰助副会長をゲストにお迎えしてお送りしております。島田さん、どうぞよろしくお願いします。

島田　よろしくお願いします。

井林　前回と前々回では、日本の木材をめぐる様々な課題、そして静岡の林業についてお話をお伺いしました。私はいろんな人に、静岡県の国産木材を使ってくださいとお願いしているのですが、そうは言っても現物を見てみないと、なかなかピンとこないものです。ですから、見本となるような建物などをいくつかご紹介いただければ、非常にありがたいです。

島田　静岡県では国産木材の生産とともに、その活用についても大変熱心に取り組んでいただいております。まずは浜松信用金庫於呂《おろ》支店の建物です。これは木材利用推進中央協議会が主催し、農水省が後援する「平成28年度木材利用優良施設」として林野庁長官賞を受賞しています。当時、金融機関で木材を利用した店舗というのは、非常に珍しいものでした。しかし人気も高いようですし、ぜひ見にいっていただければと思います。その他にも、富士山自然遺産センターがあります。富士山自然遺産センターも大変素晴らしい建物ですので、そこからの富士山の眺望だけではなくて、木造建築の良さというものも楽しんでいただければありがたいですね。さらに我々のコンクールで農林水産大臣賞を取った建物に、静岡市の「このはなアリーナ」（静岡県草薙《くさなぎ》総合運動場体育館）があります。これは体育館の内部が県産材を使った木造になっていて、外側から見ても木造であるのがわからない部分はあるのですけれども、いったん中に入ると、本当に素晴らしい木の空間が楽しめるようになっています。ぜひお近くにお越しになる際には、お立ち寄りいただきたいですね。そうそう、以前の放送で名前が出た「日本平夢テラス」ですが、ここもとても素晴らしい県産の木材を使ったテラス展望台ができています。天気の良い時に行っていただければ、景色の素晴らしさを楽しめるのと同時に、県産の木材の良さにも触れていただくことができます。私もこういう建物を実際に見に行きましたが、素晴らしいものでした。ぜひ皆さん方も行っていただき、木造建築とはこれほど気が休まるものなのかと実感していただければと思います。

木造建物の新しい工夫

井林　なるほどですね。先ほど島田さんが挙げられた「浜松信用金庫於呂支店」の住所ですが、浜松市浜北区にあるということです。事前にいただいた資料に於呂支店の写真があるのですが、ほとんど平屋で、一部が2階建てになっている建物ですね。これはいろんなオフィスなんかにも使いやすそうな構造になっていると思います。「このはなアリーナ」は運動公園の草薙にある体育館です。こちらは平成27年度の農林水産大臣賞を受賞していますね。先ほど島田さんにお話しいただいた通り、外観は木造かどうか、ぱっと見てもわかりませんが、中はすべて木造という構造だそうです。

島田　それ以外にも、天竜地域では消防署が一部木材で作られているところもあります。やはりみんなで木材を使えば、その木材が地元産だと地元の産業も潤いますし、そういう取り組みを町や地区を挙げて行っていただければありがたいと思います。

井林　消防署が木造というのがすごいですね。「燃えません」と言っているようなものですから。

島田　（笑）。

井林　なかなかユニークな発想ですね。もう「住宅は木造」「その他は木造以外」など固定観念は捨てて、ビジネスタワーや体育館など一般建物も、木造でも良いのではないでしょうか。

島田　世の中はどんどん変わりつつありますし、技術も進歩しています。一方で、木材を使うと気持

ち も落ち着くとおっしゃる方もいらっしゃいますから、これからますますそういうものが増えていくと思っています。またいろいろチャレンジしていただければありがたいなとも思います。

井林 最後に島田さんの静岡県に対する個人的な印象をお伺いしたいのですが。

島田 やはり静岡県は、大変自然に恵まれていますよね。海にも山にも恵まれていて、風光明媚ないいところだと思っております。そして急流が多いというお話をかつてしましたが、これで水がすごく良いのかもしれませんね。私は日本酒をいただくのですが、静岡県には大変美味しいお酒が多いですね。静岡県内でも島田だと「女泣かせ」や、掛川の方では「開運」など。私は東京にある居酒屋さんに何十年も通っているのですが、そこに行く時は必ず最後の〆は静岡のお酒、しかもできるだけ「開運」を飲み、「運が開けますように」と験《げん》を担いでいます。ですから、静岡県には大変お世話になっていますので、これからも静岡に出かけたら美味しいものをいただこうと思っております。

井林 なるほどですね。そういう美味しいお酒も、山が整っていて豊富な地下水が供給され、田んぼにしっかりと水がいきわたることで生まれます。そういう美味しいお酒を楽しむために、やはり林業の経営が重要になります。ですからなるべく県産材を使った建物を建てていただき、そうした建築物に関心を抱いていただくことが必要になりますということですね。最後に静岡県の方々へのメッセージをお願いします。

島田 静岡県は林業、木材産業に対して造詣が深く、歴史のある県だと思っています。これからは地球環境問題などを含め、森林林業や木材産業に対する関心が高まってくる時代を迎えますが、そういう中で静岡県がぜひ先導的な取り組みをしていただいて、流れを引っ張っていっていただきたいと思います。静岡の皆さんには、郷土の木材を意識して使い、それで地域産業を引っ張っていくような取り組みをお願いしたいと思います。

井林　国産木材を意識して使い、それを産業として引っ張っていくということですね。それをいつも心がけて、日々生活を送ることが必要ではないかなと思っております。一般社団法人全国木材組合連合会の島田泰助副会長、どうもありがとうございました。

guest

長《なが》津《つ》雅《まさ》則《のり》氏

公益社団法人日本薬剤師会　常務理事

2020.12.30, 2021.1.6, 1.20

「かかりつけ薬局」で地域まるごと健康維持

（2020年12月30日放送）

井林　おはようございます。井林たつのりのスマイルメッセージです。今日のゲストは、公益社団法人日本薬剤師会の長津雅則常務理事です。長津さん、どうぞよろしくお願いします。

長津氏（以下、敬称略）　よろしくお願いいたします。

井林　さてこの日本薬剤師会というのは、病院で薬剤を調剤したり、街の薬局で私たちにアドバイスをしてくれたりする薬剤師さんの団体で、長津さんはそこの常務理事をお務めになっています。まずは日本薬剤師会の取り組みについて教えていただけませんでしょうか。

長津　薬剤師法第1条には、「薬剤師は、調剤、医薬品の供給その他薬事衛生をつかさどることによつて、公衆衛生の向上及び増進に寄与し、もつて国民の健康な生活を確保するものとする」と書かれていまして、これが我々の第1のミッションです。コロナ禍においてもプロとして、それは怠らないように努めてきました。全国には薬局が6万数千軒あるのですが、それらが十分に「かかりつけ機能」を発揮できるような政策を進めていくということが、我々の一番の取り組みですね。

井林　「かかりつけ医」というのはよく耳にしますが、「かかりつけ薬局」とはどういうものですか。

長津　現行の健康保険制度が作られる前は、我々の仕事はもっぱら薬を売ることでした。しかし第二次世界大戦後に健康保険制度が発足すると、保険医療がほとんどになり、現在のような医薬分業体制となりました。処方箋を持ってこないと、医薬品は買えないという印象が強くなったのです。そんな中での「かかりつけ薬局」の役割は、その薬局が所在している地域住民の健康維持に貢献しようということです。つまり、保険医療の処方箋の調剤は行いますし、あるいは一般用医薬品などと呼ばれるいわゆるOTCについても、当然相談に乗って販売もします。また健康相談に訪れてきた方には、とことんその健康相談に乗ってアドバイスを差し上げることも行います。私はこういうのを「よろず相談所に行っているものだ」と言っているのですが、そのような機能が「かかりつけ」であって、住民は何があってもそこの薬局を利用するというのが、「かかりつけ薬局」の姿だと思っています。

井林　なるほど。そうすると、お医者さんに診てもらいたいと思っても、受付してから診察を受けるまでに非常に時間かかってしまう。そこまで大そうなことでなければ、薬局に行って薬剤師の先生に相談して、痛み止めや解熱剤をもらうとか、そういうことですね。日頃から付き合っていれば、体質に合う薬を出してもらえるという感じですか。

長津　そうですね。私自身は神奈川県鎌倉市で薬局を開業し、お店にも立っています。田舎というほどではありませんし、また都会でもありません。だから住民のことがよく理解できていて、お客様がどこにお住まいか、家族構成はこうで、ペットがいるかどうかまでわかっています。こうした情報が薬局内で共有されていて、薬剤師が熟知し、同じ症状でもより体質に適した薬剤を提供できるというのが、「かかりつけ薬局」の姿であり、面白いところだと考えております。

井林　この「かかりつけ薬局」あるいは「かかりつけ薬剤師」というものに取り組まれているということですが、それに伴っていろんな法律も改正をされてきて、取り組みも進められています。その中で、具体的に力を入れていることとか、薬剤師会の皆さまにこうやってくれと言っていることなどはありますか。

地域に貢献する薬局に

長津　先ほども言いましたが、薬局の調剤に偏重された業務の比重が大きくなりすぎているので、昔からあった薬局の機能をもう一度よく考えて、地域に貢献させるということです。とにかく本来の薬局、薬剤師の姿というものをもう一度再検討し、それがどういうものになるのかというと、政府が示している「健康サポート薬局」です。これは厚労省の基準適合薬局の第1号です。その要件は非常に多岐にわたり、私も取得に苦労しましたが、数を増やしていけば、そういう仕事をしている薬局があると、地域の住民が理解してくれるし、他の薬剤師も見習うことで、日本の「かかりつけ薬局」の機能も発展していくのだろうと思います。２０２１年に「医療機器医薬品等法」が改正になりまして、新たにふたつの認定薬局というものが誕生しました。ひとつは入退院時の医療機関等との情報連携や、在宅医療等に地域の薬局と連携しながら一元的・継続的に対応できる「地域連携薬局」であり、もうひとつががん等の専門的な薬学管理に関係機関と連携して対応できる「専門医療機関連携薬局」です。そのように薬局の機能を周りからわかりやすくするということも、我々の薬剤師会としてのひとつの仕事なんだろうと考えております。

井林　今、長津さんがお話しされました「健康サポート薬局」ですが、一定以上の経験年数があり、研修を受験する薬剤師が常駐しており、パーティションなどで区切った相談スペースが確保されるなど、いくつかの要件を満たさなければなりません。静岡県ではまだ、47軒しか認定されていませんし、全国で2160軒という数から見ても、ちょっと少ないですね。

長津　確かに静岡県の47軒は少ないと思いますが、ただ他の県に比べて少ないかと言われると、人口割り算すれば突出して低いわけではないのではないかと思います。ただ目標値としては、「日常生活圏域」というういわゆる中学校の学区に1軒の健康サポート薬局を整備したいと考えておりますので、それにはまだまだ到底及ばず、おそらくその何分の1くらいではないかと思います。もっともっと本当は静岡県の薬局の方々にも頑張っていただきたいところですね。

井林　今までの薬局のイメージでいくと、お医者さんからもらった処方箋を出して薬をもらうというところでしたが、「健康サポート薬局」になると、住民の生活と一緒になっていくということでしょうか。長津さんには年明けになりますが、次の放送にもご出演いただき、引き続きお話をお伺いします。

ダイヤモンド・プリンセス号の乗客に薬を届け続ける

（2021年1月6日放送）

井林　おはようございます。井林たつのりのスマイルメッセージです。明けましておめでとうございます。本日も前回に引き続き、公益社団法人日本薬剤師会の長津雅則常務理事をお迎えし、番組をお送りしています。長津さん、よろしくお願いします。

長津　よろしくお願いします。

井林　前回の放送では、薬局さんの大きな方向性ということで、「かかりつけ薬局」と「健康サポート薬局」についてお話を伺いました。薬剤師さんの活躍される範囲が広がっているわけですが、一方で今問題となっている新型コロナウイルス感染症についても、薬剤師さんの活躍が欠かせません。特にクラスターが大きなニュースになったダイヤモンド・プリンセス号では、大勢の薬剤師さんが活躍されたと聞いていますが、どんなことが行われたのですか。

長津　私もダイヤモンド・プリンセス号でのクラスター発生について、自宅でニュースを見ていました。そういう船が沖縄から横浜の方に向かっているというくらいで、あまりイメージが湧かなかったのです。しかし2月の土曜日の朝、まさにダイヤモンド・プリンセス号が横浜港沖に停泊した時ですが、日本薬剤師の山本会長から神奈川県の薬剤師会の会長に、「今すぐ薬剤師を手配してくれ」との指示があったそうです。私が自分の薬局に出勤してメールを開いたら、「すぐ来い」というメールが入っていました。そこで、私を含めて県の薬剤師会の役員3名が、第1陣として横浜港の近くにある実際の作業場になった合同庁舎に集合しました。行ってみると、乗客の方々は当然旅行の日程分しか薬を持ってきてないのに、船から降りることができないという状況であることがわかりました。そこでどういう薬が必要なのか、どのくらい足りないのか、それをオーダーシートのようにして、どんどん出してもらいました。それを見て、相当な数になりますが、薬を準備して乗客ごとにパッケージし、船に送り届けるという作業を繰り返したのです。乗客はもちろん日本人とは限らず、外国の方も多く、また英語で表記されていたり、日本にはない薬の名前もありました。乗客の健康を維持するために、どういう作戦をとればいいのかを、薬学的な判断を下しつつ、なんとか急場をしのいでいました。そういう作業をだいたい20名くらい、少ない日でも数名の薬剤師が毎日毎日繰り返し、入れ替わりながら作業をしていました。もちろん私も含めてですが、皆さん自分の薬局が手薄になっても、ダイヤモンド・プリンセス号の作業を優先していました。とはいえ、これはなかなか壮絶な作業で、当時はまだ新型コロナウイルスについて詳しいことはわかっておらず、理解も十分ではありませんでした。ただ「見えない敵」というのはこんなにも怖いものなのかと痛感するばかりでした。私自身、身体が大きくて、見た目が怖いとよく言われますが、見えないウイルスの比ではありません。ですから、あの環境で協力してくれた仲間の薬剤師の方々には、いくら感謝しても足りません。それは神奈川県の薬剤師会の有志と、東京都の薬剤師会の有志で、毎日横浜港に行っていたのです。これは本当に良い経験になったと思います。

井林　確かにニュースでも、ダイヤモンド・プリセス号の乗船者の方はご高齢の方が多かったと報じていました。糖尿病や高血圧含め、いろんな病気、持病を抱えながら、船旅を楽しんでいらっしゃったのに、突然、薬がなくなって、自室に閉じ込められた話を伺ったことがあります。結局、薬がなくて亡くなられた方はいらっしゃるんですか。

長津　いないと思います。

井林　まあ、なかなかそういう話はメディアの皆さんは、簡単には取り上げてもらえないものなんですね。

長津　そうですね。

井林　非常に多くの薬剤師の皆さんが、リスク覚悟で取り組んでこられた成果ですけどね。

長津　そのように解釈していただけると、かなり幸せでございます。

井林　実はダイヤモンド・プリンセス号は、横浜港の後に清水港にも寄港する予定でしたので、静岡県の方もかなり乗船していらっしゃったと聞いておりますし、残念ながら下船の後に発症されたということも、実際に新聞などで報道されました。そうした方々もその時は、多くの薬剤師の皆さんにお助けいただいたということですね。ところで、コロナ禍の中での薬剤師さんが果たすべき役割、あるいは課題というのは何なのでしょうか。

コロナ予防に大きく貢献

長津　最初にやるべきことは、消毒に関することとです。消毒とは学問でいえば、公衆衛生学に入り、まさしく薬剤師の専門領域に入っています。ですから、消毒液など消毒のためのグッズの販売はもちろんですが、一番気を使ったのは学校です。私はある中学校を担当している学校薬剤師なのですが、そこの生徒にいかに衛生的な環境を提供できるのかということを、養護教諭と連絡を取りながら、この場合はどうしたらいいのかとか、何を使ったらいいのかなど考えました。学校側もコロナ禍から相当苦労しているようで、いろんな質問が来ています。我々もそれに対する回答を伝えたり、学校に物を持っていくなどの機会が増えました。コロナ禍が落ち着きだした今も、それは止まっていません。季節が変わる都度、気温が変わる都度、当然のことながら学校の環境も変わるわけですから、この状態はまだまだ続くのではないかと思います。

井林　消毒というと、手に消毒液をかけるということが社会でも増えましたが、学校でもそういうことなのですか。

長津　当初は登校させるのも、午前の部と午後の部の二部制にしたり、机も椅子もアルコールで消毒するとか、今から思えばやりすぎたところはあったかもしれません。しかし当時は深刻な状況でしたので、学校側もそうしなければならない事情がありました。しかしアルコール自体が日本中で底を尽きた状態でしたので、その代替として何がいいのか、いろいろな情報が錯そうしていました。本当にそれで良かったのかどうかというのも、今でもなきにしもあらずですが、だんだんアルコールの不足も解消し、世の中に出回り始め、今ではアルコールの不足はほとんどありません。今注意しているのは、換気の問題です。我々は教室の空気の環境調査というものを行うのですが、冬場に窓を開けっぱなしにすると、湿度がぐんと落ちるのです。従来ですと、相対湿度はこれ以上なければならないというところ、根こそぎに下回っている状態で、それを改善するにはどうしたらいいのか、あるいは本当にその基準を下回ってはいけないのかについて、学校の先生たちと話を詰めていきます。先生方は父兄の方と情報を共有しなければならないという背景がありますので、父兄の方にも納得してもらえるように、我々がそこをサポートして差し上げたいと思っています。

井林　なるほど。確かにこの換気の話は学校にとってはとても大きな問題ですね。空気を換えなければならない反面、換気すると乾燥してウイルスが広がりやすいという面もあります。なかなか難しい課題に向き合っていかなければならないのですね。長津さんには次回もご出演いただき、さらにお話をお伺いしたいと思います。

父の故郷の静岡が大好き

（2021年1月20日放送）

井林　おはようございます。井林たつのりのスマイルメッセージです。前回に引き続き、公益社団法人日本薬剤師会の長津雅則常務理事をお迎えしてお送りします。長津さん、どうぞよろしくお願いします。

長津　よろしくお願いいたします。

井林　前回と前々回の放送で、まず薬剤師会とは何なのか、そしてその課題、コロナの問題などについてお話をお伺いしてきました。今回は長津さんが抱かれている静岡に対する印象とか、あるいは印象に残る出来事などがあれば教えていただきたいと思います。

長津　実は私の父が静岡県熱海市の出身です。静岡県というのは非常に大きいので、たとえば熱海と下田では地域が違うことは十分承知しております。そんなこともあって、私も熱海にはもう当然数えきれないぐらい通いました。ただ大人になっていろんな遊びも覚えてくる中で、スキューバダイビングをする時は、やはり伊豆半島が非常に良いですね。なんて魚の種類が豊富な海なんだろうと感動します。本当に素晴らしいんです。

私は行ったことはないですが、グアムなど海外で潜られる方は現地の人間から、「お前の国には沖縄があるだろう。沖縄ほど素晴らしい海があるのに、なぜこんなところまで来るのか」と言われるらしいんですが、伊豆の海はそれ以上ですよ。沖縄の人もそう言っています。そして魚の種類が多いのは、黒潮が東京湾で蛇行するためのようですね。そうした地理的な恵みも、伊豆の海の素晴らしさです。

西伊豆の海は最高

長津　一方で、東伊豆と西伊豆ではまったく海の色が違います。西伊豆は非常に白い綺麗な海底ですし、また住み着いている魚なども東伊豆と西伊豆では全然違います。だから僕は静岡県が大好きで、「富士山をどこから見るのが一番綺麗か」という議論では、確かに山梨の方が河口湖から見る富士が一番という主張も理解しますが、個人的には駿河湾フェリーの上から見る富士山がゾクゾクするくらい綺麗だと思います。これは絶対に一番ですよ。私は写真撮影も趣味なので、カメラを担いでフェリーで往復したり、景色も良いし、魚も美味しいし、何より住みやすいところだという印象を持っています。

井林　いや、今この放送を聞いている人たちはうれし泣きをしていると思いますよ。

長津　えっ、そうですか。

井林　ええ、駿河湾フェリーなんて言われたらもう、清水の人は泣きますよ。確かに西伊豆と東伊豆、相模湾と駿河湾など、それぞれ海も特徴があります。富士山も海の上から、特に空気が澄んだ時に非常に見やすいですね。しかし本当に長津さんはよく静岡県にいらっしゃっていますね。どうですか、神奈川県と静岡県の薬剤師会が隣同志のお付き合いをしているということはあるのですか。

長津　実はほとんどありません。というのも、私自身は神奈川県の薬剤師会の役員ですが、神奈川県というのは関東エリアになってしまうのです。静岡県はもちろん東海エリアになりますので、エリアが違えば交流というものがほとんど行われません。ただし隣接している熱海市の薬剤師会さんと小田原市の薬剤師会さんとは、地元のエリアとしての交流はあるようです。私は神奈川県の真ん中の方におりますので、なかなか他県の方と、特に関東エリアではない地域の薬剤師会さんとの交流というのは、残念ながらほとんどないです。

井林　なるほど。薬剤師会としては、静岡県は中部ブロックで、神奈川県は関東ブロックなんですね。これは厚生労働省による何かの分類と同じなのですか。

長津　そうですね。厚労省には関東信越厚生局という出先機関があるわけですから、その管轄になるというのが正しいところでしょうか。

井林　ではこれからぜひ交流もしていただきながら、より良い薬剤の提供を目指していただければと思っております。最後になりますけども、静岡県の皆さんに対して長津さんからメッセージをいただければと思います。

静岡は日本の中心だ

長津　静岡県の皆さまにメッセージを送るなんて、そんな偉そうなことを言う立場ではありませんが、実は人間の行動として静岡県の方というのは非常に標準的な価値を持っていると言われております。

様々な商品を発売する時、まず静岡県で試験販売されることが多いのは皆さんもご承知かと思います。それは、静岡県の方の性格が非常に受け入れやすい、何事も受け入れてくれるというところに起因しているのだと私は承知しております。また日本中で位置的にも、静岡県はほぼ中央にあります。東京が日本の真ん中だとは、私は決して思っていません。そういう意味では静岡県は、東日本と西日本にある境目にあると考えると、まさに日本の堂々たる真ん中にある県だと思います。そこに住む県民の皆さまには、やはり穏やかにお過ごしいただきたいですね。もちろん静岡の気候も穏やかですから、健康状態を非常に良好に保てるのだと思います。日本を笑顔にしていただけるように、そして皆様が健康にご留意いただきまして、優しい静岡県の皆さまを日本中にアピールしていただきたいと思っております。

井林　素晴らしいメッセージをありがとうございます。これは多分、静岡県の薬剤師さんだけではなくて、静岡県の皆さん全員に対していただけたものだと思っております。これまで3回にわたり、公益社団法人日本薬剤師会長の長津雅則常務理事にご出演いただきました。皆さまも町での薬局をご利用の際に、また病院でお医者さんに診てもらった後に処方箋での薬局さんからお薬をいただく時、こうした課題があるということを思い出していただければと思います。長津さん、どうもありがとうございました。

guest

伊東明彦《いとうあきひこ》氏

一般社団法人全国生活衛生同業組合中央会　専務理事

2022.3.30, 4.6, 4.20

18業種の衛生のまとめ役

（2022年3月30日放送）

井林　おはようございます。井林たつのりのスマイルメッセージです。本日のゲストは、一般社団法人全国生活衛生同業組合中央会の伊東明彦専務理事においでいただいています。伊東さん、どうぞよろしくお願いいします。

伊東氏（以下、敬称略）　よろしくお願いいいたします。このような機会をいただきまして、ありがとうございます。

井林　今私は「全国生活衛生同業組合」と申し上げましたが、なかなか聞きなれない言葉だと思います。私たちの生活に密接に関連するところの衛生をやりましょうということで、後にお話に出てくると思いますが、全部で18の業種の連合体です。具体的に何かというと、サービス業として、理容店、美容店、映画館などの興行場、クリーニング店、公衆浴場、ホテル・旅館、簡易宿泊所、下宿営業の8業種があり、販売業として食肉販売店、食鳥肉販売店、氷雪販売業の3業種、そして飲食業として、寿司店、麺類店、中華料理店、社交業、料理店、喫茶店、そしてその他の飲食店の7業種が組み込まれています。合計で18の業種がこの同業組合を構成しているのですが、このうちどれも見ないで一日を過ごすことはありません。そのくらい、私たちの生活に関連している組合の全国中央会の専務理事さんにおいでいただいております。伊東さん、まずはこの団体の成り立ちを教えていただけませんでしょうか。

伊東　承知しました。ただ今井林先生が読み上げられました18の業種ですが、そもそも根拠になっている法律があります。それが「生活衛生関係営業の運営の適正化および振興に関する法律」という、ずいぶん長い名前の法律です。成立したのは昭和32年で、当時は生活衛生でなく環境衛生が重視され、法律の名前も「環境衛生関係営業」の法律という名前だったんですね。これが平成12年に改正されまして、「環境衛生」から「生活衛生」へと変わったわけです。なお平成12年といいますと、厚生省と労働省が一緒になって厚生労働省になるなど、中央官庁も省庁再編が行われた年でした。それでこの生活衛生業、先ほど申し上げた18の業種ですが、これらの各業種ごとの組合を取りまとめている全国組織が全部で16あります。この全国組織を連合会と申しますが、その16の業種の意見をまとめたり調整しているのが、私どもの中央会です。この放送をお聞きの皆さま方のお近くにも、理容店の組合や飲食店の組合などがあり、だいたい6割くらいの方が組合の存在をご存知だという調査結果もあります。ただ組合に入るか入らないかというのは、それぞれのお店がご判断されることだと思います。いずれにしても、私どもは60年以上の歴史のある組合、団体です。もちろん昭和32年以前にも、連合などいろんな形の組織はありましたが、昭和32年にこの法律ができて以降は、今のような仕組みになった次第です。

井林　ありがとうございます。私たちの生活に密接する衛生に関して着目された団体さんということですね。私のイメージですと、たとえば理容店ですと、髪を切るハサミや顔などを剃ってもらう剃刀《かみそり》など道具の消毒基準を決めている組織ではないかなと思っております。そして、傘下の事業所数は全部で108万事業所あるということで、全国の事業所数の約2割を占めており、影響力もなかなかのものですが、現在ではどのような問題に取り組んでいらっしゃいますか。

まずはコロナ前の売り上げに戻すこと

伊東　そうですね。経済センサスという、事業所の数を業種別に統計を取っているものがありますが、この経済センサスでは生活衛生関係の営業として、108万事業所があるということになっております。これらが組合に入っているかどうかというのはまた別の話ですが、生活衛生業は生活に密着しており、商店街を歩けば、こうしたお店を必ずいくつも見かけます。ただ、規模の小さいお店が多いのです。日本の企業のうち中小企業小規模事業者が全体の99・7%を占めるということのようですが、中でも本当に規模の小さいお店が多いのがこの業界です。だからコロナ禍はもちろん、最近では原油高の影響を強く受けています。石油製品の値上がりによって材料の価格も上がってますから、本当にこの業界では皆さんは大変困っています。もうこの原油高は、本当になんとかしてほしいですね。特にコロナ禍でこの業界は相当なダメージを受けていますので、まずはコロナ前までの売り上げに戻していく、そして右肩上がりに伸ばしていくというのが直近の大きな課題です。

井林　なるほどですね。やはり小さい業者さんが多いという業種ですので、それにふさわしい対策を考えなければなりませんね。それ以外にどんな問題がありますか。

伊東　そうですね。飲食関係ではまず食中毒対策ですね。これについてはＨＡＣＣＰという衛生管理のグローバルスタンダードがあります。ＨＡＣＣＰ基準をとり入れた新しい衛生管理基準が２０２１年６月１日、小さな飲食店を含むすべての食品等事業者に導入することを義務づけています。本当のＨＡＣＣＰでは、海外にも輸出できるような非常に高度な衛生設備が必要ですが、そこに至るまでには相当の費用がかかるので、小規模事業者には大きな負担になりかねません。また高齢のご夫婦が経営されているお店にさらなる設備投資を行うことも難しいですね。

井林　ありがとうございます。本当は衛生管理は厳しいほど良いのですが、それでは耐えきれないところが多数出てくるということですね。次回も一般社団法人全国生活衛生同業組合中央会の伊東明彦専務理事にお越しいただき、いろいろとお話をお伺いしていこうと思います。

コロナ対策の丁寧なチェックシート

（２０２２年４月６日放送）

井林　おはようございます。井林たつのりのスマイルメッセージです。今日も前回に引き続き、一般社団法人全国生活衛生同業組合中央会の伊東明彦専務理事においでいただいております。伊東さん、どうぞよろしくお願いします。

伊東　よろしくお願いいたします。

井林　前回の放送では、生活衛生同業組合とは何をやっている団体なのかについてお話しいただきました。生活に密着し、衛生的な観点が必要な業種が18ありますが、その18の業種を、衛生面でしっかりサポートしていこうという団体だということでした。そこで今回は、生活衛生同業組合さんがどのようにしてコロナ対策を行ってこられたのかについてお伺いしたいと思います。これは国民の健康や命と非常に密接な関係がありますから。

伊東　新型コロナウイルスが初めて発見されたのは、2020年初頭でした。その直後、中央会に感染防止策についてのお問合せなどがありました。新型インフルエンザなどについてのマニュアルがありましたので、コロナウイルスにも効果があるものなのかどうかを厚労省に確認してもらい、改定したものを数十万部配布しました。その後すぐに業界で「感染防止対策のガイドラインを作るように」という要請があり、私たち中央会と連合会は傘下の業種が多いので、14種類のガイドラインを作成しました。その後に、ガイドラインを実際にお店がちゃんと守っているのかどうかを、私たちがチェックしようということになりました。保健所や自治体の衛生部局は非常に忙しく、なかなか各店舗のチェックまでは手が回りませんでしたから。組合が乗り出し、参加の店舗がきちんとガイドラインを遵守しているのかどうかを調べるため、チェックシートを作成して一軒一軒お店を回ってチェックし、一定水準を超えていれば「OKマーク」というマークを交付しました。これを少なくとも2回繰り返したのです。当時の厚生労働大臣は加藤勝信先生で、菅政権が発足した後にそのまま官房長官に就任されました。OKマークは官邸まで持ち込まれ、チェックシートによる巡回とOKマークの交付でいこうということになったのです。それから以降は中央会と組合が中心となり、そうした巡回指導を2年近くずっと回ってきたのです。そして今また、やはりコロナは油断してはいけないということで、引き続きこのガイドラインを皆さんに守っていただけるよう、呼びかけております。

井林　OKマークを私も見せていただきましたが、今これは街中でなかなか見ることができません。多分各都道府県知事さんが出していて、それで営業時間が決まる「認証店」を掲げているお店が多いと思います。OKマークはそのひな形のようなものだと思っていただけると良いのではないでしょうか。またチェックシートも見せていただきましたが、業界ごとに事細かに決められていましたね。しかしそうは言っても、なんでもかんでも規制すればいいわけではなく、各業種によって絶対守らなくてはいけないものと、ある程度守ってもらえばいいという2種類に分かれていました。そして全体の60%を2度クリアすれば合格ということで、私の個人的な印象ですが、生活衛生同業者組合に入っているお店の方が安全である確率が高いのではないかと思いました。その他コロナの問題では、小規模事業者さんもいらっしゃってお困りになることも多いとは思うんですが、どのような対策を取られていますか。

ゼロゼロ融資の返済はまだ困難

伊東　マスコミ報道でご承知の通り、飲食関係、宿泊関係が受けたダメージは大きいですね。自治体からも協力金をいただいたり、また一時支援金や月次支援金、そして現在は事業復活支援金など、かなり支援金をいただいております。今回の事業復活支援金は、業種や地域が不問になっていますが、それ以前の支援金は、飲食店をターゲットにしていました。そういう支援金や助成金を自治体からいただいておりまして、何とか店を潰さずに済んでいます。それからコロナ関連の融資でもかなり幅広く助けていただいておりますので、何とか耐え忍んでいる状況です。ただ融資については、そろそろ返済期限が迫ってきてます。最初に借りた方はコロナ禍がこんなに長期にわたると思っていませんでしたので、返済期限が迫る一方で売り上げが戻らず、借りたお金をなかなか返せない状況で、つらい思いをしている方も少なくありません。

井林　伊東さんがおっしゃっているのはいわゆる「ゼロゼロ融資」で、2年前の第1回目の緊急事態宣言の時に、利子もいらない、担保も免除、保証もいらないという貸付制度です。そういうのは国が肩代わりするから、まずはお金を借りて事業を継続しろということでした。そして借りてから3年間まで返済を先延ばしにできるのですが、来年くらいから返済期限がきて、事業が苦しくて返済できないという人が出てくるのではないかということです。なおこの無利子無担保無保証については、6月末まで新規の受付を延長して、まん延防止に努めています。確かにこの借りた金をどう返済するのかというのは、頭が痛い問題ですし、心がくじけそうになりますね。どんな相談が多いのですか。

伊東　返済期限を延ばしてほしいとか、条件変更をしてほしいとか、さらには新規に借り入れたいという相談が来ています。しかし金融機関の窓口で厳しいことを言われたという話も聞いておりますので、金融機関も公的機関も、お店の将来性を見ていただいて融資をしていただきたいですね。ここ1、2年はコロナの影響がありますので、財務状況は良いはずがないのです。しかしコロナ禍の前は、とても良い仕事をしていたお店が多々あるわけで、そのあたりを考慮していただき、将来性に賭けて融資をいただきたいと、先般の自民党金融調査会でもそのようにお願いしてきました。

井林　私も今、党の財金部会長をやっていまして、この「ゼロゼロ融資」をはじめとした問題、すなわちコロナで融資を受けたまでは良いが、返済の目途がたっていないという問題が議論の焦点になっています。これは借りても返せないというモラルハザードの問題の他に、伊東さんがおっしゃったように将来性のあるお店は積極的に助けていくべきではないかという問題が議論になっております。これについては、全国生活衛生同業組合中央会さんともご相談させていただき、取り組みたいと思います。それでは伊東さんには次回もご出演いただき、静岡に対するイメージなどをお伺いします。

静岡県出身の森川進前理事長

（2022年4月20日放送）

井林　おはようございます。井林たつのりのスマイルメッセージです。本日も一般社団法人全国生活衛生同業組合中央会の伊東明彦専務理事にご出演いただき、いろいろとお話をお伺いします。伊東さん、よろしくお願いします。

伊東　よろしくお願いします。

井林　今回は伊東さんが静岡県に対して持っておられる印象や、そのいきさつなどについてお伺いしたいと思います。その前になんといっても、生活衛生同業組合の森川進前会長が静岡県のご出身で、私も何度もお話しさせていただきました。森川さんには「井林さん、こういうことをやらなきゃダメだよ」とか「会議で発言しなさい」などとご指導いただいたのですが、伊東さんから見て森川さんは、どんな功績を残されたのでしょうか。

伊東　森川進前理事長は私ども中央会のトップを2度お務めになりました。そして飲食業界の生活衛生面でのご功績および中央会でのご活躍で、令和2年11月に旭日中綬章（生活衛生功労）という高い叙勲を受けられました。森川さんはとても良い方で、関係者はみな「叙勲は当然だ」と喜んでいます。私はこの業界の仕事で森川さんと知り合ったわけですが、とてもお世話になりました。その関係もありまして、私もたびたび静岡に来ては美味しいお魚をいただいております。

井林 静岡県出身で全国団体のトップを務められた方というのは、実はなかなかいないと思うんです。森川さんは沼津市のご出身で、ぜひ皆さんで応援していきたいと思っています。ところで伊東さんは静岡県に関して、何か思い出や印象深い出来事はお持ちではありませんか。

伊東 私は北海道の出身で、故郷は蝦夷《えぞ》富士の近くです。このお仕事をさせていただき、出張も多いのですが、新幹線で本物の富士山を見ると、さすがにすごいですね。富士山の景色を写メして孫に送ったりしています。それから静岡といえば、富士山以外にもお茶、みかん、そして私の大好物の鰻ですね。さらに県内には新幹線の駅が6つもあり、高速道路も通っていて、東西に長く伸びている地形が地の利を生み出しているのかもしれませんね。

阪神淡路大震災で静岡県が見せた一足先の地震対策

伊東 私は公務員ＯＢですが、阪神淡路大震災の時に廃棄物担当の総務の係長をやっていました。現在、廃棄物対策は環境省の所管ですが、当時は厚生省の所管で、避難所では水が流れないのでトイレ問題が深刻化したため、簡易トイレの受け入れの調整役もしていました。その時に静岡県さんから、日頃地震に備えて備蓄されていた簡易トイレをご提供いただき、さすが静岡県はすごいなと思った記憶があります。

井林　今でこそ簡易トイレや携帯トイレはどこでも備蓄していますが、当時備蓄していた自治体は静岡県くらいだったのではないでしょうか。普段から南海トラフ地震に備えていたというわけですね。やはり備えあれば憂いなしということで、リスナーの皆さんもこの放送が終わったら、ご自宅の防災グッズを見直していただけたらと思います。それでは最後に、伊東さんから静岡県の皆さんにメッセージをお願いします。

伊東　静岡は気候が温暖で交通の便も良いので、ぜひ移住していただければと思います。今はもうリモートで仕事をすることができますし、食べ物も美味しいし、非常に住みやすい。先ほど述べました森川さんも含め、静岡県は人々も本当に素晴らしく、私もすっかりファンになりました。

井林　ありがとうございます。やはり森川さんという素晴らしい人材を静岡から生み出した結果ですね。森川さんは生活衛生の業界のみならず、静岡県にとっても誇りです。伊東さんには森川さんのご紹介を含め、素晴らしいお話をしていただきました。ありがとうございました。

guest

木場宣行《こばのぶゆき》氏

自動車整備振興会連合会　専務理事

2023.5.31, 6.7, 6.21

自動車整備工場の数はコンビニのほぼ2倍

（2023年5月31日放送）

井林　おはようございます。井林たつのりのスマイルメッセージです。今日は一般社団日本自動車整備振興会連合会の木場宣行専務理事をお迎えし、お話をお伺いします。木場さん、どうぞよろしくお願いします。

木場氏（以下、敬称略）　よろしくお願いいたします。

井林　この放送を車を運転しながら聞いてくださっている方もいると思いますが、自動車整備振興会連合会とはどういう団体なのか、教えていただけますでしょうか。

木場　はい。自動車整備振興会連合会とは、全国で9万2000軒ある整備工場の団体です。各都道府県ごとにそれぞれ自動車整備振興会というのがありまして、全国的な集まりが日整連ということになっています。

井林　ということは、車検の時にお世話になる自動車整備工場さんの集まりですね。

木場　そうですね。

井林　それでも9万2000軒も整備工場があると、なかなか大変だと思いますが、日本全体の自動車整備の現状はどうなっていますか。

木場　自動車整備工場は9万2000軒ありますが、たとえばコンビニエンスストアはだいたい5万軒あると言われています。だいたいその2倍くらいの整備工場があるということになります。全国津々浦々、車があるところには整備工場があるという現状です。自動車は国民生活には欠かせないツールですが、機械部品や電気装置が搭載されていますので、故障した場合には修理する必要があります。しかも最近では、車がかなり高度化して、ユーザーさんには修理できないことも多々あります。そこで私たちがお手伝いして修理したり、事前に手入れして故障を予防して費用を安くおさえたりするなど、車のメンテナンスを支えるのが仕事です。

井林　その中で自動車整備の課題というものはありますか。

木場　大きな課題がふたつあります。まずは車が今、100年に一度と言われる大きな技術革新の時を迎えていることです。車がどんどん高度化するにつれ、メンテナンス技術もそれに追いつかなくてはいけません。そのための技術を高めるという課題です。もうひとつは日本の国内産業すべてが抱える問題で、人材不足という問題があります。

技術革新に追いつくために

井林　この高度化についてですが、よく「スキャンツール」と言いますが、特にハイブリッド車などでは電子機器で制御されています。これをスキャンする道具はトヨタと日産では異なったりしますが、全部持っていないと対応できませんね。

木場　そうですね。スキャンツールなど様々なツールがメーカーや車種によって異なるという問題があります。そこで自動車メーカーさんなり機械器具メーカーさんにできるだけ共通化、標準化してほしいとお願いしているのですが、なにせ技術もまだ発展途上の状態なので、なかなか今すぐにできるかといえば、それも難しい状況です。このスキャンツールを整備工場で備えること、これについては、国で補助制度を作っていただき、整備工場への支援をいただいております。技術高度化のための課題のひとつが、各メーカー、車種に対応するツールを揃えることですね。ふたつめが適切な整備情報を適確に入手するということです。自動車メーカーさんなどが持っている情報をもとに日整連では「ファイネス」という情報提供システムを構築しており、これを利用することで、できるだけ整備工場が使いやすい形で情報入手できるようにしています。3つめは、技術教育の問題です。ツールや情報があっても、それをどうやって使いこなすのかについて勉強する場が必要です。そのためには各振興会がそれぞれ自前の講習場である「第2種養成施設」を備えていますので、そういうところを活用しながら、整備工場の整備要員を教育する取り組みを進めています。ただこれも1か所に集めて勉強してもらうのは難しいので、WEBを使った教育体制の構築に向けて検討を進めているところです。

井林　自動車の進化という点では良いのかもしれませんが、整備ということになるとなかなか大変ですね。携帯を最新状態で使うにはアプリをアップグレードしなければならないのと同じように、車もソフト面でどんどんアップグレードしなくてはいけないということでしょう。しかしメーカー側にすれば、企業秘密というところもありますから、なかなか難しいですね。いずれにしろ、安全第一を守っていくということはこれからの大きな課題ではないでしょうか。そしてもうひとつの課題である「人材」は政治的にも大きな焦点となっていますので、これは次回のテーマにしたいと思います。

人材確保が大きな問題

（2023年6月7日放送）

井林　おはようございます。井林たつのりのスマイルメッセージです。今日の放送は前回に引き続き、一般社団法人日本自動車整備振興会連合会の木場宣行専務理事においでいただき、お話をお伺いします。木場さん、よろしくお願いします。

木場　よろしくお願いします。

井林　今回は「人材」についてお話を伺います。とりわけ外国人人材の受け入れは、私たち政治家がきちんと結論を出さなければならない問題です。特に自動車整備業界では、人手不足が深刻化しています。そこで木場さんにお伺いしますが、今どのくらいの人が整備要員として働いているのですか。

木場　はい。全国に整備工場が9万2000軒あり、この中で整備要員は約40万人ですが、そのうち

33万人が整備士の資格を持っています。一方で日本国内で整備士の資格を持ちながら、整備工場で働いていない人の数は約63万人と私たちは推計しています。このような自動車メーカーで働いている人、整備業界以外の工場で働いている人を含めると、全体で100万人くらいではないでしょうか。そうした人たちが整備業界に戻ってきて働いてもらうために、待遇や労働環境の改善が大きな課題だと思っています。ただそれだけでは国内の労働需要を満たしきれないという問題がありますので、私たちは5年ほど前から外国人技能実習制度にエントリーしたり、特定技能制度の活用に取り組んでいるところです。なお技能実習生については、1年目の初級試験にだいたい6000人が合格しており、特定技能の試験も、1700人くらいが合格しています。

外国人労働者に頼る現実

井林　現在、33万人の中の6000人とか1700人くらいでは、まだなかなか国内の人材不足を解消できないという状態ですが、私が国土交通省から取り寄せた資料によりますと、自動車整備学校への入学者は平成15年には1万2000人ほどいたのに、今では6500人くらいと、6000人ほど減ってしまっているのですね。この埋め合わせをするために、外国人労働者に頼ろうということで、技能実習制度や特定技能の1号（特定産業分野に属する相当程度の知識又は経験を必要とする技能を要する業務に従事する外国人向けの在留資格）で活躍してもらっていますが、問題は特定技能1号の在留期間が5年である点です。5年が過ぎたら、その外国人労働者は帰国しなくてはいけません。しかし自動車整備のような仕事は、5年ほど働いてようやく一人前になるという側面がありますので、整備工場としては優秀な人は残ってもらいたい。そこで、特定技能の2号（特定産業分野に属する熟練した技能を要する業務に従事する外国人向けの在留資格）として、5年に限らずにいつまでも滞在できる制度に組み入れてほしいという政治連盟から要望を受け、我々も党内でいろいろと調整しています。木場さんは政治連盟の専務も兼任されていますが、2号への移行についての木場さんの思いをお話しいただけますでしょうか。

木場　私たちも特定技能の2号に格上げしていただければ、非常にありがたいと思っています。外国人実習生の選択の幅を広げるという意味でも、ありがたいと考えています。それでもまずは整備業界の整備士の待遇や労働条件の改善に取り組むことが重要です。闇雲に外国人労働者を入れて、人手不足を解消しようとするのではなく、選択肢を広げ、たとえば生産性を上げるための機器や省力化の機器を導入するなど待遇改善を組み合わせていくことで、人手不足問題を解決しなければいけないのではないかと思っています。

井林　この特定技能1号と2号の差について、誤解がないように申し上げると、2号は在留期限がないためにずっと日本で働くことができ、母国から家族を呼び寄せることができます。そこで「これは移民政策ではないか」と言う人もいますが、これは違います。というのも、自動車整備士として特定技能2号をとって日本で働いている場合は、自動車整備の仕事をしなくなると、本国に帰国しなければならなくなります。仕事を辞めた後もずっと日本にいてもいいということではないのです。そこが永続的に日本に居続けることができる移民とは違う点です。それで今、特定技能1号と2号の差異がクローズアップされている原因ですが、2024年4月に1号認定者の5年の滞在期間が満了となる業種が多いためです。建設業や造船業などでは、もうすでに特定技能2号が適用されているのですが、それ以外の分野でも次々と認められていくのではないかと思います。一方で日本人労働者確保の問題も重要です。自動車整備業界ではどのような努力が行われているのでしょうか。

日本人の人材も確保する

木場　人材確保は整備業界だけではなく、自動車メーカーも含めて〝車産業全体の問題〟として広範囲で取り組むべき課題だと思っています。国土交通省に音頭をとってもらって、人材確保の取り組みをしてもらっています。たとえばインターシップですね。高校生や専門学校生に実際に自動車整備工場で働いてもらい、整備の仕事について知ってもらうための取り組みを大々的に進めています。また整備工場の社会見学やPR動画の作成など、整備工場での仕事とはこのようなものだということをアピールしていく取り組みもしっかりと行っていきたいと思っています。

井林　ありがとうございます。自動車は電気自動車になろうが、ガソリン車であろうが、他の内燃機関と言われてるアンモニアとか水素などを燃料にしても、自動車整備をする人は必ず必要です。ですから業界を挙げて、人材確保に勤しんでいただきたいですね。もちろんこれは我々政治の責任でもありますが、日本人、外国人を問わずに必要な整備が提供できるような体制を目指さなければいけないと思っています。木場さんには次回もご出演いただき、自動車整備業界についてさらにお話をお伺いします。

明るく積極的な静岡県の整備振興会

（2023年6月21日放送）

井林　おはようございます。井林たつのりのスマイルメッセージです。前々回、前回の放送に引き続き、今回も日本自動車整備振興会連合会の木場宣行専務理事にご出演いただき、お話をお伺いします。木場さん、よろしくお願いします。

木場　よろしくお願いします。

井林　前回の放送では「人材確保」の問題ということで、外国人の特定技能の制度が大きく変わろうとしていることなどについてお話を伺いました。今回は、静岡県の自動車整備業界の特徴や、また木場さんの印象に残る出来事などがあれば、教えていただきたいと思います。

木場　そうですね。個人的にはやはり静岡は、海の幸に山の幸、さらに川の幸などに恵まれ、しかも明るいオレンジ色が目に浮かぶイメージです。しかも富士山、日本平から見た富士山は最高です。5月の連休には日本平に遊びに行き、楽しんできました。静岡県の整備振興会は、全国で53ある整備振興会の中で、人材確保や教育などについて、非常に積極的に取り組んでおられます。たとえば新しい車に対しての教育体制の構築や、そのためのプログラムの作成について、独自に開発したり、あるいは政治的にも積極的な姿勢を示されるなど、活発な動きが特徴です。もっとも静岡県は、高速道路など交通の大動脈が通っていますし、自動車などのメーカーも存在します。さらにプラモデルなどものづくりにも先駆的な県でもあり、そうしたものづくりを支える整備振興会も、活動が活発だというイメージです。

井林　ありがとうございます。いろんな取り組みをしているということですが、ひとつ具体例を挙げていただけますか。

木場　そうですね。電気自動車や燃料電池で走る車など、整備の実習のために確保するのは大変なのですが、教育施設をつくったり、実際にそういう自動車を持ってきてプログラムを組み立てているというふうに聞いています。

井林　ということは、静岡県では他の都道府県よりも安心して、EVや燃料電池の車に乗っても大丈夫ですね。確かにそういうのは大事ですが、お金もかかりますからね。

木場　そうですね。そうした教材となる自動車を集めること自体にもお金がかかりますし、教育するためのスタッフをそろえるのも大変です。特にメーカーさんやディーラーさんたちの十分な理解や支援がないと、教育すること自体が難しいという状況です。そういった意味では、非常にディーラーさんのサポートもしっかりしていると思います。

井林　なるほど、メーカーとそのディーラーさんとの間をきちんと取り持っているということですね。他にも政治連盟の動きについてはどうでしょうか。我々政治家は年に一度呼ばれて、要望を受けたり、意見交換などを行うのですが、木場さんは自動車政治連盟の専務理事も兼任されていますし、静岡県の特質としてどのように考えていらっしゃいますか。

地域連携が大きな課題

木場　静岡県は、政治活動はじめ各方面と連携して活発に活動しておられます。先ほど申しましたように、これまでなら1事業者がすべてのメーカーの車をメンテナンスすることができたのですが、最近では技術そのものがメーカーごとに違ってきたり、ツールも違っていたりという状況になり、なかなか1事業者がオールマイティーにすべての車を対応することは難しい状況になってきております。事業者としては、ある特定のメーカーや特定の分野に特化し、そこを深く掘り下げていくような対応をせざるを得ない状況になってきております。ユーザーからすれば、対応してくれる事業者を選ばなければいけないということになってくるわけですが、そのためにやはり地域連携、すなわち地域ごとに事業者が連携することが必要になります。たとえば隣の工場は商売敵《がたき》ではなく、車のメーカーや車種によって、仕事を分け合うという形ですね。そういう地域連携はこれから非常に重要になってくると思っております。そういった意味で様々な課題について政治連盟も含めて地域ごとの連携の強化は、今後の整備事業者のありようとしては大いにありうる方法だと思っています。

井林　確かに整備振興会の政治連盟に呼ばれる会を見ると、なかなか県単位であそこまでやる団体は数えるほどしかありません。そして一生懸命に活動されていると思います。先ほどお話しいただいた修理の話というのは、例えば全国でいえばトヨタとか、あるいは静岡でいえばスズキというブランドなら、だいたいどこでも修理ができると思うんですが、外国車や、あとマツダやスバルのように販売店が少ないと、そうした仕組みを入れていかないと厳しいということでしょうか。

木場　そうですね。

井林　なるほどですね。木場さんにいろいろお話をいただきましたが、最後に静岡県の皆さんに対するメッセージをお願いします。整備の皆さんに対するものでもけっこうですし、県民の皆さんに対するものでもけっこうです。よろしくお願いします。

木場　やはり事業場の生産性を上げ、効率化を図るということは、差し迫った状況になっていますので、必要な事業上の様々な設備投資を積極的に行っていただきたいです。例えばドローンや新しい

「空飛ぶ車」など様々な新たな交通形態も出てきております。こういうものに取り組んでいくためにも、地面を走る電気自動車など新しいモビリティに対して、今こそしっかりとした技術的素養を身につけておかないと、さらに新しい交通形態に対応することは難しくなっていくのではないでしょうか。そういった意味で、静岡県では非常に先駆的な取り組みを進めておられますので、ぜひともこれを継続していただいて、全国の模範となるような整備事業の構築を進めていただければと思っております。

井林　継続は力なりということですね。大変だと思いますけれども、静岡の自動車整備組合の皆さんには、これまでの努力を続けていただきたいですね。また我々議員も、毎年会合に呼ばれるでしょうから、さらに頑張りたいと思います。今回のゲストは自動車整備工場の全国団体である日本自動車整備振興会連合会の木場宣行専務理事でした。木場さん、ありがとうございました。

卒業証書

guest

園《その》山《やま》和《かず》夫《お》氏

公益社団法人日本グラウンド・ゴルフ協会　会長

2021.6.30, 7.7, 7.21

グラウンド・ゴルフは日本で生まれた

（2021年6月30日放送）

井林　おはようございます。井林たつのりのスマイルメッセージです。本日は私もやっているのですが、グラウンド・ゴルフの全国団体である公益社団法人日本グラウンド・ゴルフ協会の園山和夫会長にご出演いただいております。園山さん、よろしくお願いします。

園山氏（以下、敬称略）　こちらこそ、よろしくお願いします。

井林　グラウンド・ゴルフについてはわざわざ説明する必要がないかと思いますが、協会としてはどんな取り組みをしていらっしゃいますか。

園山　まず、井林先生にはグラウンド・ゴルフ振興議連の会員として、日本協会をご支援いただいていることに心から感謝申し上げます。グラウンド・ゴルフは昭和57年、鳥取県の泊村《とまりむら》（現湯梨浜町《ゆりはまちょう》）で誕生しました。当時はまだ日本に定着していなかった生涯スポーツの振興を目指して、文部省（現文科省）が各市町村に補助金を出してニュースポーツを考案することを働きかけました。そこで泊村教育委員会が中心となって発案されたのが、グラウンド・ゴルフです。世界一簡単なルールで、高度な技術や強い体力が必要ではないため、誰でもできるスポーツとして国民に受け入れられました。市町村の非常勤公務員であった体育指導委員が全国的に広めたことも普及の一因です。静岡県でも昭和

60年頃に島田市を中心に、一気に広がりました。一時は6000人ほどの会員がいましたが、今では3400人くらいです。全国の会員数は14万5000人くらいで、メジャーなスポーツ以外では会員の数は多いと思います。今後さらにこれを発展させるのが、私たちの課題だと思っています。またグラウンド・ゴルフは世界からも注目されていて、2019年5月24日に国際グラウンド・ゴルフ連盟を立ち上げました。ヨーロッパやアジアを中心に、広がりつつあります。

井林　静岡県の会員数は3400人、なんとそのうち3分の1が、この番組の受信範囲である島田、藤枝、焼津、吉田、牧之原の地域の方々だということです。

園山　そうです。静岡県の会員の3分の1が今おっしゃった地域の方々です。とてもありがたいことです。

井林　そして競技人口はその20倍くらいいるのではないかということですが、そうすれば2万2000人がグラウンド・ゴルフをやっていることになります。私の選挙区の人口はだいたい50万人ですから、20人に1人くらいがやっていることになりますね。

園山　笹川スポーツ財団が毎年行う調査で、グラウンド・ゴルフをやっている人の推計値が300万人から360万人という数字が出ていますので、それから推計すると、静岡県も井林先生がおっしゃったくらいの数の方がグラウンド・ゴルフを楽しんでいらっしゃるのではないでしょうか。

井林　その他にもグラウンド・ゴルフ協会さんでは、いろいろな事業をされていますが、用具で難しいことがあったと聞きましたが。

園山　グラウンド・ゴルフが考案された当初は、用具製作にどこの業者も手を挙げてくれませんでした。幸いアシックス社の創業者である鬼塚《おにつか》喜《き》八郎《はちろう》社長が鳥取県出身ということで、引き受けていただきました。それを契機に用具の開発が進み、全国に広まることになったのです。

井林　さすがに手作りとはいきませんからね。今ではクラブを持っている人はけっこう多いし、倉庫にストックしている町内会もあります。また認定コースもあると聞きましたが。

園山　いつでもプレイができるようにホールポストがセットしてあって、クラブやボールの貸し出しができるところが全国にいくつもあります。静岡県内では日本協会が認定しているところが3か所、掛川市には1か所あります。

井林　先ほど世界的に注目されているとおっしゃいましたが、世界的な活動とはどういうものなのでしょうか。

海外にも広がりつつあるグラウンド・ゴルフ

園山　日本で生まれ国内で普及してきたスポーツですが、最近では日本に来た外国の方が興味を持たれて帰国されてから国外で普及させているケースもあります。またグラウンド・ゴルフを発案した鳥取県湯梨浜町の町長が海外に出向き、国際的な普及に勤しまれています。おかげ様でスペイン、ポーランド、ハンガリー、モンゴル、中国、韓国などでかなり人気のスポーツになりました。そこで2019年に国際連盟を創設したのですが、その直後に新型コロナウイルス感染症がまん延したため、活動できない状態でした。国際的な普及活動を広げていくことがこれからの課題です。

井林　国内では全国グラウンド・ゴルフ大会などがありますので、次は世界大会を開催していただきたいですね。そうなればレベルの高いスポーツになりますね。

園山　コロナが収束し、オリンピックが終わったら、ぜひ考えたいと思います。今、日本協会が開催している大会として、北海道から沖縄までの会員が集まって開催する全国大会がありますが、東海地区ではブロック大会も行っています。東海地区の4県で順番に毎年行いますから、静岡県は4年に1度、大会を担当されています。また県で独自のイベントもたくさん行われています。島田市の大井川河川敷の緑地公園では、平成17年に全国から1700～1800人ほどの会員が集まり、全国交歓大会を開催したことがありました。稜線が美しく裾野の広い富士山も見えて、皆さんはとても喜んでいました。

井林　ぜひまた全国大会が開催できればいいなと思いますし、海外との交流も復活すればいいと思いますが、園山さんには次回の放送でもご登場いただき、お話を伺うことになっています。

長生きしたければグラウンド・ゴルフ

（2021年7月7日放送）

井林　おはようございます。井林たつのりのスマイルメッセージです。本日も前回に引き続き、公益社団法人日本グラウンド・ゴルフ協会の園山和夫会長においでいただいております。園山さん、よろしくお願いいします。

園山　よろしくお願いいします。

井林　前回はグラウンド・ゴルフの成り立ち、そしてご苦労話、さらに県下でもこの島田市を中心に、グランド・ゴルフが盛んだということについてお話を伺いました。今回はグラウンド・ゴルフ協会さんの課題についてお話しいただきたいと思います。

園山　日本全体でも静岡県でも、グラウンド・ゴルフが盛んに行われていますが、これをさらに発展させるのが私たちの務めだと思っています。一方で高齢の方が多いので、お辞めになる方の数も多いのです。以前は日本協会の加入者数が年間で1万人ずつ増え、一時は20万人に迫る時もありました。しかし現在は反対に1万人ずつ減少しており、15万人を切る状況です。これをいかに立て直すかが課題ですので、リスナーの皆さんもグランウド・ゴルフに関心を持っていただいて、グラウンド・ゴルフを楽しんでいただけたらと思います。

井林　平成22年には19万4393名だったのが、今は14万5000人ということですね。この20倍くらいの競技人口がいるということですが、会員さんの平均年齢はいくつくらいですか。

園山　何歳くらいと思われているのでしょうか。実は会員の平均年齢は78歳です。グラウンド・ゴルフが考案された頃に一生懸命取り組んでこられた方々が高齢化されたという現実もあります。ただし新しく会員になられる方もいますので、これはありがたいことです。

井林　平均年齢が78歳ということでしたら、長生きしたい方は会員になってグラウンド・ゴルフを熱心にやっていただきたいですね。ところで日本グラウンド・ゴルフ協会さんはグラウンド・ゴルフが健康に良いことを調査されたということですが、ご紹介いただけますでしょうか。

園山　「グラウンド・ゴルフが健康に及ぼす効果」について日本協会は数年前に全国調査をしました。私たちはグラウンド・ゴルフを正しく普及するために、「普及指導員」を養成していますが、その養成講習会に参加した方々を対象に身体特性、ロコモ度、生活習慣などの調査を行い、一般の方々を対象とした調査結果と対比しました。その結果、①移動機能の低下を表すロコモ度1、2に判定されるリスクが低い、②転倒予防に必要である歩幅が維持されている、③心と体の不安感が少ないということが明らかになったのです。国も自治体も健康寿命を伸ばすことに取り組んでいますので、グラウンド・ゴルフはこの取り組みにも貢献できると思います。

井林　これはグラウンド・ゴルフを毎日やって、ご近所の方々と親睦を深めていただくことで、楽しく健康的な老後を送ることができるということですね。まずは参加していただいて、人生の一助にグラウンド・ゴルフをご活用いただければと思います。

日本を体現する静岡県

（2021年7月21日放送）

井林　おはようございます。井林たつのりのスマイルメッセージです。本日も公益社団法人日本グラウンド・ゴルフ協会の園山和夫会長においでいただき、お話をお伺いします。前回、前々回とグラウンド・ゴルフについてお話しいただきました。この番組の受信地域である島田や藤枝、焼津などはグラウンド・ゴルフが盛んな地域ですが、今回は園山さんが静岡県について抱かれている印象などについてお話しいただければと思います。

園山　私は神奈川県に住んでいますが、どうしても静岡県でお邪魔するのは東部の地域になってしまい、島田市などまでには足をのばす機会がさほどありませんでした。もっとも大会などで何度かお邪魔することはありましたが、今後は静岡について幅広く知ることができるように、いろんな場所を訪れる機会ができればと思います。グラウンド・ゴルフの関係で各国から訪日される方々が、日本の印象について語られることが、私の静岡のイメージとぴったり一致するのです。世界に誇る名峰富士山、観光資源に恵まれた伊豆、国の名勝三保松原、汽水湖の浜名湖、太平洋に向け開けた相模湾など、恵まれた大自然、これが静岡の第一のイメージです。いま妻と一緒に行きたいと思っていますのは、奥大井湖上駅や三島大つり橋などです。新緑や紅葉の季節に行ったら良いだろうなと話しています。それから県民性としておおらかさを感じます。かつて文部省で一緒に仕事をした人が三島から新幹線通勤をしていましたが、夜遅くまで仕事をしていたら、うっかり寝過ごして名古屋まで行ってしまったと、笑ってお話しされていたことを思い出します。井林先生のような人柄が良く、人情も厚い方がいっぱいいらっしゃるのではないでしょうか。

井林　ありがとうございます(笑)。

園山　さらに食べ物が美味しいことですね。お茶はもちろんのこと、駿河湾の海産物や浜名湖の鰻、各種の果物も含めて、静岡は非常に恵まれていると思います。私もぜひゆっくりと訪問したいと思っています。

杉浦会長と松浦事務局長が支える静岡のグラウンド・ゴルフ

井林　実は園山さんと私の共通の知人がいることがわかりまして、静岡県グラウンド・ゴルフ協会の杉浦繁雄会長です。

園山　杉浦会長には静岡をとりまとめていただき、大変お世話になっております。現在は全国で20名いる日本協会の理事として、ご活躍いただいております。静岡県でこれだけグラウンド・ゴルフが熱心に行われているのも、島田市の杉浦会長がリーダーシップを発揮していただいている賜物だと思っております。また島田市で全国大会を行った時に大いに尽力された松浦辰美事務局長が静岡県協会を支えてくださっているため、組織が成り立っているのだと思います。もちろんその他の方々にも、日頃から感謝しております。

井林　杉浦さんが理事ということですが、各都道府県から選出する理事は20人ですか。

園山　全国の8ブロックから理事を選出して、あとは有識者や学識経験者から選んでおります。

井林　杉浦さんとはどんな会話をされていますか。

園山　最近はコロナで直接お目にかかる機会がなく、オンラインで議題をお諮《はか》りするなどしかできていません。しかし杉浦会長からは長らくご支援いただいておりますので、日本協会にとっても本当にありがたい方です。

井林　ワクチンも打ち進んでいますので、コロナが収束したら、杉浦会長にもこの番組にご出演いただきたいですね。また全国から皆さんが顔を会わせるということも必要ですね。

園山　全国大会では「また今年も会えたね」という声がよく聞こえていました。また島田市でそうしたやりとりが行われることを期待します。

井林　まさか共通の知人がいるとは思いませんでした。嬉しいハプニングですね。それでは園山さんから静岡県の皆さんにメッセージをお願いします。

園山　井林先生にはグラウンド・ゴルフについて数回にわたり取り上げていただき感謝を申し上げます。井林先生のスマイルメッセージのリスナーの方でまだグラウンド・ゴルフをやったことがないという方は、ぜひ挑戦していただければと思います。ルールはたった16条で、最初の3条は「エチケット・マナーを守りましょう」という内容で、最後の16条はコースについての規定です。したがって実質的にはゲームに関するルールは12条しかないのです。覚えやすく簡単なルールですし、強靭な体力も必要としません。日本生まれのグラウンド・ゴルフというスポーツを一度体験していただければありがたいです。井林先生には今後ともご支援よろしくお願いいたします。

井林　地域ではせっかく盛んになっているのですから、その灯をともし続けていきたいと思います。公益社団法人日本グラウンド・ゴルフ協会の園山和夫会長にご出演いただきました。園山さん、ありがとうございました。

guest

阿《あ》部《べ》恭《やす》久《ひさ》氏

全日本遊技事業協同組合連合会　理事長

2022.6.29, 7.6, 7.20

パチンコのコロナ対策は万全

（2022年6月29日放送）

井林　おはようございます。井林たつのりのスマイルメッセージです。本日のゲストは全日本遊技事業協同組合連合会の阿部恭久理事長です。阿部さん、おはようございます。

阿部氏（以下、敬称略）　おはようございます。

井林　全日本遊技事業協同組合連合会というのは、パチンコ屋さんが都道府県ごとに組合を作り、それが集まった全国組織です。まずはパチンコの仕組みですが、これは玉を借りるというシステムなんですか。

阿部　そうですね。玉は貸し玉、メダルは貸しメダルというふうに、借りて遊んでいただくものです。中には玉を購入していると勘違いされる方もいらっしゃいますが、玉が増えた時に景品に交換し、その時に玉を戻していただくという仕組みになっています。

井林　私も玉を買うものだと思っていました。さらにもうひとつ、驚いたルールがあるのですが、借りた玉を増やして景品に替える時に、なんと上限があるんですね。

阿部　そうです。今上限は９６００円になっています。その中での景品の提供ということになりますが、これもなかなかご理解いただけていないかもしれません。

井林　玉やメダルは借りるもので、景品に交換する時には９６００円という上限があるから、その場ではデジカメなど高額商品には替えられないということを、私も改めて知りました。ではパチンコ業界が取り組んでいる課題をご紹介いただけますか。

阿部　我々の団体は各都道府県に組合がありますが、どの組合も地域に根ざした社会貢献活動を行っています。地域との連携は非常に重要で、寄附を行ったり、最近では災害協定を結ぶということも増えています。大雨や台風などの際に、安全な立地のパチンコ店を一次避難場所として提供することです。景品として水やお茶、食べ物などを置いていますので、１日や2日はしのいでいただけます。それから、パチンコやパチスロなどの依存問題への取り組みですね。現在はギャンブル等依存症などが問題視されていますし、ネットカジノの問題も取り上げられたことがあります。そうしたことに積極的に対応していくことが、我々の課題になっています。

井林　コロナ対策などはどうされましたか。

阿部　基本的には新型コロナウイルス感染症に対するガイドラインを作成し、それをしっかり守って営業しています。そもそもパチンコ店ではタバコを吸うお客様が多かったので、店舗内の換気性が他の建物と比べると非常に高いのです。だいたい10分もあれば、店舗内の空気は総入れ替えになります。ですから店内でのクラスターの発生例はひとつもありません。

井林　濃厚接触の定義は15分ですから、10分で空気が総入れ替えになるなら、感染リスクは低いですね。

阿部　しかもパチンコの場合は相手が遊技機ですので、しゃべるということはありません。もっとも最初のうちは誤解されて、「パチンコ店は3密の代表」などと言われましたが。

フィランソロピーにも力を入れる

井林　それではもう、来客数はコロナ前と同じくらいになりましたか。

阿部　いやいや、特に高齢者の方はご家族から「行かないで」と言われることもあるようで、そうした思い込みは根強く、お客様の2割から3割くらいは戻りきっていません。我々としては換気の面では問題はないし、パチンコに出かけて知り合いに会うなど高齢者の方々が活動することで、要介護状態を防止する効果があると思っています。特に地方では高齢者の方が遊びに出かける場所が少ないので、そうした場所として活用いただければと思います。

井林　パチンコは指先だけ動かしますが、スロットはコインを細かく入れるわけですから、ボケ防止には効果が大きいでしょうね。ただ2割から3割が戻ってこないというのは、これはかなり大きな問題ですね。

阿部　そうしたところが戻ると、お店の雰囲気も変わってくるのではないかと思います。

井林　先ほど災害協定の話が出ましたが、社会貢献として最も力を入れている分野はどこですか。

阿部　実はＰＰ奨学金という給付型の奨学金を作っています。コロナ禍でアルバイトができなくなったり、親御さんの収入が減ってしまった学生さんをサポートするため、少額ではありますけども給付する奨学金です。給付型ですから返済しなくていいわけですし、我々も「パチンコ・パチスロ奨学金」のイメージを全国的に広めたいと思っています。

井林　給付型奨学金はこれからの社会の大きな流れになりますから、そうした事業にも取り組んでいただいているわけですね。全日本遊技事業協同組合連合会はそうした社会貢献にも取り組んでいただいているわけですが、阿部さんには次回の放送でもご登場いただき、さらにお話を伺います。

ギャンブル等依存症にも対応

（2022年7月6日放送）

井林　おはようございます。井林たつのりのスマイルメッセージです。前回に引き続き、全日本遊技事業協同組合連合会の阿部恭久理事長にご出演いただいております。阿部さん、どうぞよろしくお願いします。

阿部　よろしくお願いします。

井林　今回はギャンブル等依存症対策についてお話をお伺いしたいと思います。今お邪魔している理事長室では、ギャンブル等依存症にならないように警告するポスターがいっぱい貼ってあります。IR問題でカジノが具体的になった時、ギャンブル等依存症は大きくクローズアップされましたね。

阿部　ギャンブル等依存症ということですが、我々は2006年から「リカバリーサポート・ネットワーク」という電話相談室を開設しています。そこの代表理事で精神科医の西村直之先生が、「ギャンブル等依存症という病気はない」と言われています。IRを進めるために作られた言葉だということです。一般的にギャンブル等依存症が病気だと言われますが、何か心身に疾患があるのかといえば、そうではなく、家計破綻や多重債務といった経済的な問題の方が大きいのではないでしょうか。ですから病気というよりも、そうした経済問題をどのように解決すべきかという問題だと思います。それに趣味もそうですが、人間は何かのめり込むものがある方が生活は楽しいし、パチンコやパチスロをなくしても、他のものに依存していく可能性もあります。ですから、何が本当の原因であるのかについて、電話で相談していただいて、問題の根本を改善していただきたいと思います。

井林　なるほど。確かに病気といえば何らかの症状が出て、薬をもらって治すということですから、依存症は病気ではないということになりますが、依存症あるいは「のめり込み」について、このリカバリーサポート・ネットワーク以外に、どんな取り組みがありますか。

阿部　本人が事前に限度額を申告することで、これ以上お金を投じたら店側がストップさせるという方法もあります。またパチンコ店にアドバイザーを置いて、相談する仕組みもあります。そういう意味で〝正しい遊び方〟を提供している現状です。

井林　なるほど。パチンコ台に投入する金額の上限を決めるということですが、これは申告する方がけっこういらっしゃるということでしょうか。

阿部　そうですね。上限金額はもちろん、遊ぶ時間についても自分で制限を付けて、それを自己申告していただくというやり方になっています。

放置事件にも予防対策

井林　依存症やのめり込みという問題でいいますと、小さな子どもが車に取り残され、熱中症で不幸な事故が発生するという問題がありますが、これについてはどうでしょうか。

阿部　基本的には小さなお子様を連れてパチンコ店には来ないようにと、各店でアナウンスしていますし、駐車場がある店舗については、各店舗が巡回点検に努めています。そういうことで２０２１年度は車内放置案件では、24件33人が救出されていますし、２０１７年7月からはパチンコ店では死亡事故は発生していません。

井林　なるほどですね。私も家の近くにパチンコ店があるので、たまに偵察に行くのですが、現在では確かに車の中に子どもがひとりで残されているのを見かけませんね。もっともスーパーに行くと車の中にたまに子どもがいて、「大丈夫かな」と思って5分か10分後に戻ると、その車はどこかに去ってしまったということもあります。のめり込みすぎて自分の財産を失ったり、子どもの命をなくしてしまうということはとても危険ですからね。ただ救出例が24件33人というのは、まだ子どもが危険にさらされているということですね。

阿部　これも全部ではないと思いますよ。巡回と巡回の間に来られて帰ってしまわれる人もいると思うんです。これは実際に発見されて報告された件数です。だから氷山の一角だと思っています。

井林　他にはどんな問題がありますか。射幸性の問題はどうですか。

阿部　それは機械の問題ですね。２０１７年にはスペックが変更されたため、今年1月末までに射幸性の低い機械にすべて入れ替えてきました。

井林　こうした取り組みでのめり込みや依存症など、一時は社会問題になったことについても、業界で取り組んでいるわけですね。それでは次回も阿部さんにご出演いただき、引き続きお話をお伺いします。

断食のために伊豆に通う

（2022年7月20日放送）

井林　おはようございます。井林たつのりのスマイルメッセージです。前回と前々回に続いて、全日本遊技事業協同組合連合会の阿部恭久理事長にお話を伺います。阿部さん、よろしくお願いします。

阿部　よろしくお願いします。

井林　今回は、阿部さんの静岡に対する印象や、心に残る出来事などについてお伺いしたいと思います。お伺いしたところによると、年に2回ぐらい静岡にいらっしゃるということですが。

阿部　私は年に2度ほど、断食をするために伊豆に行っています。

井林　どのくらい断食されるのですか。

阿部　基本的には1週間ですね。5日間ほどものを食べず、その後の2日間で食事を戻し、普通の食事ができるようになってから帰るというサイクルです。

井林　その5日間には、何も食べないということですか。

阿部　私が通っているところでは、基本的にはニンジンジュースを飲みます。朝、昼、晩とニンジンジュースを飲みますから、目が赤くなって耳が伸びるのではないかと思うくらいです。

井林　そのうち、ピョンピョン飛ぶのではないかと（笑）。

阿部　そうですね（笑）。まあニンジンはいろんな栄養が入っているので、それだけ飲んでいれば大丈夫だと言われましたが、確かに問題は全然ありません。

井林　話題は静岡県に対するイメージとはかけはなれてしまいますが、断食をすると人間の身体はどうなるんですか。

神経が研ぎ澄まされる

阿部　長年やっていますので、普通の生活とあまり変わりませんが、身体がどんどん軽くなっていきますね。内臓も活発に動かないので、なるべく運動すると余分なエネルギーを消費して痩せていきますから、そういう意味では、断食はとても良いですね。

井林　断食をやったことがない人は、お腹が空いている状態で運動をすれば倒れるのではないかと思ってしまいますが、監修者の指導もありますから、それは大丈夫でしょう。お腹が空っぽになると神経が研ぎ澄まされるといいますが、どんな感じですか。

阿部　指導の先生から「味覚、聴覚、嗅覚が研ぎ澄まされるよ」と言われたのですが、いちど断食中に東京での会議に出席しなければならなくて、そのまま新幹線で東京に戻ったのですが、東京駅の構内を歩いていると、びっくりするくらい良い匂いがしていたのです。普段の生活では気づかずに通り過ぎていることが、神経が敏感になってひとつひとつが感じ取れたというのは、やはり断食の効果だと思います。

井林　有名な断食道場ですよね。私もテレビで見たことがあります。阿部さんは断食のために定期的に静岡に来ていただいているわけですが、静岡にはどんなイメージをお持ちですか。

阿部　正面に富士山が見え、海も綺麗で自然が豊かですね。まさに日本人にとってありがたい地域です。そして伊豆半島は地盤が固く、地震に強いそうですね。だから、年をとったら、安心安全のために伊豆に住みたいと考えています。

井林　そういう印象を持っていただいているということで、ありがたいですね。それでは、リスナーの方々にメッセージをいただけますか。

阿部　静岡県のパチンコ店は、駐車場を献血会場に提供するなど、日本赤十字社の献血活動に協力しています。また伊豆の国市とは「災害時における事業所施設の使用に関する協定」というものを締結し、災害時には駐車場と建物を一次避難所として使っていただくことにしています。そういった意味でこれまでパチンコ店に来られることのなかった方も、ちょっと覗いてみようかと、パチンコに関心を持っていただければと思います。パチンコは身近で手軽な娯楽ですので、ぜひ一度ご体験ください。

井林　災害協定も結ばれているということですから、パチンコを体験されたことのない方は、試しに一度体験されてもよろしいのではないでしょうか。3回にわたりまして全日本遊技事業協同組合連合会の阿部恭久理事長においでいただき、お話を伺いました。阿部さん、本当にありがとうございました。

阿部　ありがとうございました。

guest

今村聡《いまむらさとし》氏

公益社団法人日本医師会　副会長（当時）

2018.8.29, 9.5, 9.19

地域医療の充実を目指して

（2018年8月29日放送）

井林　おはようございます。井林たつのりのスマイルメッセージです。今日のゲストは、公益社団法人日本医師会の今村聡副会長をお迎えしております。今村先生、よろしくお願いします。

今村氏（以下、敬称略）　おはようございます。今日はお招きいただき、誠にありがとうございます。

井林　まずは日本医師会とはどんな団体で、どんな課題に取り組んでいらっしゃるのかを教えていただけますでしょうか。

今村　まず日本には医師がだいたい32万人ぐらいいますが、その中で18万人弱が日本医師会の会員です。全員加入の弁護士会とは異なり、日本医師会は入りたい医師だけ入会するという任意加入団体です。よく日本医師会は開業医の集まりと思われたりしますが、実は半数が病院などの勤務医です。研究者の方もいて、ちなみにノーベル医学賞を受賞された山中伸弥先生もメンバーです。医師会の組織は、焼津市や島田市といった地域の医師会が９００弱あります。そして47都道府県に医師会があり、全国組織として日本医師会があるという、３段階の構成になっています。日本医師会にとって一番大事なのは地域の患者さんを診ている医師、医師会なので、地域の医師会が活動しやすい環境を整えることがひとつの役割です。もうひとつの役割は国民の医療や介護などの社会保障、そして生命、健康を守るための活動です。地域の医師会は、地域の行政とお互いに車の両輪のようにして活動して地域の住民のために仕事をし、都道府県の医師会は域内の医師会をサポートします。そして日本医師会は日本全体の医療環境を維持するために、厚生労働省や他の官庁の皆さんといろいろ意見交換をしながら、様々な制度の環境整備に努めています。

井林　地域の医師会ということでいいますと、島田市には平成の合併前の旧島田市の島田医師会があり、合併した金谷町や川根町を含む旧榛原郡《はいばらぐん》には榛原医師会と、ふたつの医師会があります。また藤枝市には藤枝医師会、焼津市には焼津医師会というふうになっていますが、焼津市に合併した及川町は藤枝市の医師会に入っているという、行政区とは一致しないというなかなか複雑な構造になっています。ですから、地域的にはなかなかご苦労されてる点もあるでしょうし、最も影響が大きいのは市役所から年に1度通知が届く健康診断でしょうか。そういう点において、市役所同士も連携をとって協力していただいていると聞いております。

医師の偏在は大きな課題

今村　医療に関わる課題は山積していまして、たとえば医師の偏在の問題です。地域によって医師の数が多いところと少ないところがあります。静岡県は人口あたりでは医師数が少ない地域です。また日本では自由に受診する科を選ぶことができるので、患者さんが多い診療科と少ない診療科があるという問題をどのように解消するのかという問題もあります。さらにどの団体もそうだと思いますが、組織としての加入率が減少している問題もあります。個人主義的な傾向が強まり、団体よりも自分で仕事をしたいという人も増えています。そういう中でいかに組織率を高めていくのかが我々の重要な課題です。この組織力の強化とは、我々の都合ということではありません。できるだけ国民に安全安心な良い医療を提供するために、我々が医師の団体としてしっかり活動する上で組織力強化が必要ということなのです。

井林　とりわけ私たちにとって医師の偏在は大きな課題ですね。静岡県は人口あたり全国で40番目くらいですが、志《し》太《だ》榛原《はいばら》はとりわけ医師が少ない地域になっています。その中でも産科は、総合病院以外で探すのは本当に大変です。総合病院ですら、産科がないところもあります。

今村　これは本当に大きな課題です。日本全体が少子化になっているため、生まれる赤ちゃん数が少ないので、これから医師になろうとする人は産科を選びにくい傾向にあります。また赤ちゃんがいつ生まれるかはなかなかわからず、深夜でも対応しなければならないという問題もあります。さらに現在では医療が非常に高度化してきて安全になっているものの、それでも出産は危険が伴い、必ず１００％安全ということは約束できません。そのために10年以上前にできたのが、「無過失補償制度」です。医師側に過失がなくても、一定の割合でたとえば脳性小児麻痺の赤ちゃんが生まれることがありますので、それを補償するという制度です。自民党や厚生労働省の力もありましたが、日本医師会も大変熱心に取り組んだという経緯があります。それから女性医師の支援という観点で、産婦人科には女性医師も多いので、働きやすい環境を作る取り組みもやっています。それでもやはり厳しい現場ですが、産婦人科の医師の数は一時期ものすごく減少しましたが、今は止まってるというような状況です。

井林　なるほど、産科は地元でものすごく重要ですし、いろんなところで小さな子どもを見かけるようになればというのが私たちの願いです。そういう意味では医師会の先生たちのお力をお借りしたいと思っています。それでは次回も今村先生にご出演いただき、引き続いてお話を伺いたいと思います。

健康寿命を伸ばすために

（2018年9月5日放送）

井林　おはようございます。井林たつのりのスマイルメッセージです。今回も公益社団法人日本医師会の今村聡副会長にお話を伺います。今村先生、どうぞよろしくお願いします。

今村　ありがとうございます。よろしくお願いいたします。

井林　今回は「人生100年時代」をテーマにしてお伺いします。健康で長生きするということは、多くの皆さんの目標であり、思いであると思います。この健康で長寿ということについて、医師会としてどのような課題がありますか。

今村　ご存知の通り、日本は世界でトップクラスの長寿国です。これは生まれてから死ぬまでの年数ですが、一方で「健康寿命」という言葉があり、健康で元気で社会で活躍できる年齢を示しています。問題はこの健康寿命と平均寿命との差が、女性だと12年あることです。国としては、健康寿命をできるだけ伸ばして平均寿命に少しでも近づけていくということが大きな課題です。日本医師会も、全面的にそれを進めていきたいと考えています。健康寿命が長くなるということは、個人にとってはいつまでも社会に参加できるという点で重要ですし、健康寿命が伸びると長く働くことができ、収入を得ると同時に保険料や税金を納めることになるため、医療や介護や年金といった社会保障の財源がしっかりと確保されることになります。そのためにどうしたらいいのかという点ですが、ひとつには自覚症状がなくても、年齢とともに体の中でいろんな変化が起こっているため、しっかりと毎年健康診断を受けていただくことが大事です。それからインフルエンザや肺炎球菌の予防接種など、予防できる病気にはきちんと予防接種を受けていただく必要もあります。さらに大事なことは、自分の健康についていつでも相談できるかかりつけ医を持っていただくことです。

「かかりつけ医」を持つ重要性

今村　自分の病気以外でも健康問題についていつでも相談できて、何か大きな病気が見つかれば、専門の病院や医師を紹介してくれるという医師をきちんと持っていただくことが重要ですね。60歳くらいになると、個人差が出てきます。しかし持病があっても社会に参加しようという意識を常に持っていただきたいですね。病気があるから自宅に閉じこもると、認知症も進むでしょうし、より早く寝たきりにもなりやすいので、社会への参加をいつまでも持ち続けていただきたいと思います。また関係する業者さんもいてデリケートな問題ですが、科学的に喫煙はすべての病気の原因になると判明していますので、ぜひ禁煙に励んでいただければと思います。

井林　なるほどですね。静岡県でも「健康寿命」を伸ばそうということで、県を挙げて取り組んでいますが、そもそも何をもって「健康寿命」と定義しているのですか。

今村　介護保険を使っているかどうかなど、いくつか定義があります。また自分の意識を重視する定義もあります。私の個人的な考えでは、高齢になればひとつやふたつは持病があるのは当たり前で、それでも自分は社会に参加できるのだという意識を持つことが大事だと思います。しかしＯＥＣＤの調査では、日本人の回答は悲観的なものが多いのです。日本の医療制度は非常に優れていて、どの病気でも世界的に成績が良いのにですよ。一方でアメリカでは非常に前向きな回答が多い。これは国民性の差でしょうね。日本人はもっと前向きに社会に参加する意識を持つべきではないでしょうか。

井林　私の手元にデータがあるのですが、平成22年の平均寿命は全国で男性が79・59歳で、静岡県は79・95歳で全国10位です。健康寿命を見ると全国では男性が70・4歳で、静岡県は71・7歳と、健康寿命の長さでは全国で2位となっています。なお静岡県の女性は1位なんですね。静岡県ではなぜこんなに健康なのか、お茶を飲んでいるからなのかわかりませんが、健康のためには健康診断が大事ということで、市町村で行っているものをぜひお受けください。また「かかりつけ医」の話も出ましたが、これは定義があるのですか。

今村　医師会と病院団体とで定義を決めていますが、大事なのは患者さんの方でかかりつけ医を選んでいただくのが良いと思います。自分が診てもらっている病気以外でも相談できるか、あるいは自分だけではなく家族の医療にかかわる相談もできるか、必要な場合は専門の医療機関や医師を紹介してくれるかを「かかりつけ医機能」と言っていますので、そういうことをしてもらえる医師なら「かかりつけ医」と見ていいのではないでしょうか。もっとも相性もありますし、はっきりと指示する医師を嫌う患者さんもいますし、逆にそうしてもらう方がありがたいという患者さんもいます。自分にあっている「かかりつけ医」を探していただくのが大事ですね。

井林　結局、何かあればすぐに相談できる医師ということですね。ふと顔が浮かぶようなお医者さんがひとりいることが大事ですね。今村先生には次回もご出演いただき、引き続いてお話をお伺いします。

「ちびまる子ちゃん」の小学校に通っていた

（2018年9月19日放送）

井林　おはようございます。井林たつのりのスマイルメッセージです。今回も公益社団法人日本医師会の今村聡副会長にお話しいただきます。今村先生、よろしくお願いします。

今村　よろしくお願いします。

井林　前回までの放送で、日本医師会とはどんな団体か、その日本医師会や地域のお医者さんが直面する課題や取り組みなどお話をいただきましたが、今回はさらに一歩進んで、静岡県に対する印象などについてお話しいただこうと思います。ところで今村先生は、静岡県で働いていらっしゃったのですね。

今村　実は私、静岡県で働いていただけではなく、転勤族の父親の仕事の関係で、幼稚園の時に清水市に引っ越しし、「ちびまる子ちゃん」でも有名になった入江小学校に入学し、3年生までお世話になりました。そして医師になって7年目に入った時に浜松医科大学に奉職し、10年間在籍しました。その間、県内の医療機関で仕事をさせていただいたので、静岡県には大変縁があると思っています。静岡は気候が温暖ですし、県民性も柔和というか、優しい方が多く、悪い印象はありません。そして静岡の県立総合病院に勤めていた時に驚いたのですが、看護師さんをはじめとして職員の方のほとんどが静岡県の出身者なんですね。私もいろんな地域の病院で勤めてきましたが、だいたいは全国から職員が集まっているものです。なのでどうして静岡の人がこんなにも多いのかと看護師さんに聞いてみたら、若い時にいったん東京の病院に行くけれど、やはり静岡がいいので静岡に戻って来たということでした。まあ気候も温暖ですし、県民性も非常に穏やかですので、とても働きやすい場所だなと思っていました。なお私が静岡県にいた頃は、東海地震が起こるんじゃないかということで……。

井林　何年ぐらいのことですか。

今村　昭和58年から平成3年までですね。バブルがはじけそうだった時代です。当時は「東海地震が起こる」と言われていた時代で、私の父親が退職して関西に住んでいたのですが、浜松に呼ぼうとしたら、「危ないから嫌だ」と言われました。それでもどうにか呼び出すと、その直後に阪神淡路大震災が発生したのです。ですから、大きな震災もなく住みやすいというのが、私の静岡についてのイメージです。

井林　先ほどお伺いしたら、今村先生は他にも県立総合病院にお勤めいただいたとのことですが、他に静岡の医療関係者に特徴的なタイプというのはありますか。

今村　特に感じるところはありませんが……。私の専門はもともと麻酔科ですが、県内の病院で手術がある時、大学を通じてあちこちの病院に行きました。手術室の中では看護師さんやその他のいろんな医療関係の方たちがいるわけですが、どの病院に行っても非常に働きやすいという印象が残っています。これも静岡県民の人柄なのではないでしょうか。

浜松医大の重要な使命

井林　浜松医大は県内唯一の医学部がある大学として頑張っていますよね。

今村　実際のところ静岡県は、非常に医師不足の地域です。静岡県内で働く医師の苦労は並大抵ではないと思います。浜松医大も、県内の医療をきちんと担うべく、一生懸命いろんな取り組みに頑張っていると思います。実は日本医師会には常勤で働く常任理事が10人いるのですが、そのうちのひとりが浜松医科大学の1期生です。その人と浜松医大の学長と浜松医大の地域医療を担っている教授と私の4人で、この間も対談をやらせていただきました。静岡県内の医療をしっかり担っていくためには浜松医大はもちろん、日本医師会もそれをしっかりとバックアップして、静岡県の医療が少しでも充実するように我々も頑張って応援していきたいと思っているところです。

井林　日本医師会のような大きな決定を行うところで、浜松医大にゆかりのある人が働いている意味は大きいですね。地域の実情を理解していただいているという点では本当にありがたいですね。浜松医大にお勤めの皆さんだけではなく、静岡県内の医師の方々には、こうしたルートを通じて静岡県の声を全国に伝えていただき、大きな政策として生み出していっていただきたいです。最後に、今村先生から静岡県の皆さんに対するメッセージをお願いします。

今村　健康寿命という点では静岡県は日本の中でもトップクラスです。静岡県のように恵まれた気候の中で長生きしていただき、積極的に社会に参加していただけるようにお祈りしております。いつまでも頑張って生涯現役社会を実現していただければと思いますので、よろしくお願いします。

井林　素晴らしいメッセージをありがとうございます。皆さんも自分が元気だと思って前向きに過ごしていきましょう。今村先生、どうもありがとうございました。

guest

井上幸子《いのうえゆきこ》氏

日本栄養士連盟　会長

2023.11.29, 12.6, 12.20

栄養は世界を変える

（2023年11月29日放送）

井林　おはようございます。井林たつのりのスマイルメッセージです。本日のゲストは日本栄養士連盟の井上幸子会長です。日本栄養士連盟とは、栄養士さんの団体である日本栄養士会の政治団体です。まずは日本栄養士会、日本栄養士連盟の具体的取り組みについて教えてください。

井上氏（以下、敬称略）　日本栄養士連盟は、栄養士制度の充実を目指し、栄養士・管理栄養士の配置促進と処遇改善を目的として、昭和50年に設立されました。戦前からの歴史を持つ公益社団法人日本栄養士会が政府との協力関係を密にして、栄養士や管理栄養士制度をより充実させるためのもので、現在では多くの栄養改善課題に取り組んでおります。

井林　栄養士さんや管理栄養士さんには学校や病院での食事の献立を作っていただいていることはわかりますが、具体的にどのような仕事をされていますか。

井上　私たちは、栄養は世界を変えることができる、自分たちが頑張らないと世の中は良くならないという意気込みで仕事をしています。具体的にはライフステージ、要するに赤ちゃんからお年寄りまで、医療、学校、福祉、介護、行政など、幅広い領域で国民の皆さんに直結している仕事をしていると自負しています。

井林　学校や病院での食事のメニューが栄養士さんによって作られるのですが、どうでしょうか。最近では給食の配給ができなくなるという事件も発生しましたが、栄養士さんから見ると、どんな課題があるのでしょうか。

最大の問題は人員不足

井上　学校の給食については、平成17年度から栄養教諭制度ができて、栄養教諭等が働いています。配食されなかったというのは、委託された調理業者の人材確保ができなかったという問題があったのではないでしょうか。調理現場では朝が早く、労働も厳しい。だから、調理をする人材がなかなか集まりません。そして栄養教諭等もよく「体力勝負」といいます。栄養教諭は学校給食衛生管理基準を基に調理現場を指導助言し、学校に赴いて食育指導しますが、毎日、大変忙しい仕事です。そして調理師さんだけではなく、栄養教諭も足りないのです。学校給食では小さな給食室でも200食、大きな給食センターでは1日に何万食もつくります。もちろん大きな給食センターでは、数人の栄養教諭等が赴任しますが、ひとりひとりの子どもたちに適切な食育の指導をしたくても、なかなか手が回りません。ですから働きやすい環境整備を国に要望していますし、栄養教諭等の配置基準の見直しをしていく必要があると思っています。

井林　そういう課題がある一方で、栄養士さんになるために、資格試験に通る以外で大事なことはありますか。

井上　まずは食へのこだわりや探求心を持つことですね。栄養士は栄養バランスだけを考えるのではなく、美味しいと喜ばれる献立を考え、提供することが重要です。だから、栄養に対する知識だけではなく、食に対する知識が不可欠です。美味しい食事でなければ、栄養にならないからです。向上心や料理のスキルに加えて、心も体も満たされる食事を出すことも重要です。また「ひとり職種」の場合も多いため、コミュニケーション能力、さらに体力勝負であることも実感しています。

井林　特に入院している人は、制限が厳しい中で美味しいものを食べたいですからね。これは本能ですから。それにしても、栄養士制度は歴史が長いですね。大正15年にはすでに栄養士「栄養手」というのがあったのですね。栄養学校から15人の栄養士が誕生しました。だから栄養士の制度は旧《ふる》い制度で歴史があるんですよね。次回の放送では「こども家庭庁」が発足したことによる栄養士の役割についてお伺いしたいと思います。

「人生最初の1000日の栄養」とは

（2023年12月6日放送）

井林　おはようございます。井林たつのりのスマイルメッセージです。前回に引き続き、日本栄養士連盟の井上幸子会長にご出演いただいております。日本栄養士連盟とは日本栄養士会の政治団体で、日本栄養士会ではできない政治活動をされています。井上さん、よろしくお願いします。

井上　よろしくお願いします。

井林　前回は栄養士さんの仕事についてお話しいただきました。栄養についてはいろんな課題が出てきています。たとえば2023年4月に「こども家庭庁」が発足しましたが、全世代型社会保障ということで子育て対策や少子化対策をしっかりやっていこうということですが、これに関連して、日本栄養士連盟さんが取り組んでいらっしゃることについて教えてください。

井上　4月にこども家庭庁が発足しましたが、その進め方について栄養士会が考えていること、中村丁治会長が考えておられていることをお話しできればと思います。私たちは「人生最初の1000日の栄養」というテーマに取り組んでいます。なぜ「1000日」なのかというのは、人間が誕生してこの世に産まれてきた時ではなく、受精した日を基準にしようということです。胎児が母胎にいるのが約270日で、それから2歳の誕生日まで730日ですから、受精から2歳の誕生日まで1000日ということになります。この胎児の時期に低栄養状態になると身体の発育のみならず、知能の発達にも影響し、のちに栄養状態が良くなっても、取り戻すことが難しく、将来的に糖尿病や肥満などの慢性疾患のリスクが高くなることもわかってきました。すなわち、この「人生最初の1000日」に適切な栄養を取り、十分なケアを受けることができるなら、子どもが病気にかかりにくく、健康に成長できるのです。こども家庭庁の発足と同時に「こども基本法」を作り、子ども施策を社会全体で総合的かつ強力に推進していくことになっています。そのためには、妊婦や母親、乳幼児の栄養改善を進め、栄養計画を立てる必要があります。しっかりと栄養診断を行い、計画を立てることで、母子に対して助言できるようにしていきたいと考えています。

井林 三つ子の魂百までといいますが、それよりもっと前から栄養を考える必要があるということですね。私も「人生最初の1000日」を聞いた時、なるほどと思いました。子どもを産み、育てていくためには、社会全体の協力も必要ですので、しっかりと進めていっていただきたいですね。もうひとつ、最近は地震が多いですね。静岡県も南海トラフ地震などを心配されている方もいらっしゃいます。日本栄養士会さんは災害についても取り組みがあるということですが、どんなことですか。

井上 日本栄養士会では「JDA-DAT災害支援チーム」を結成しております。なかでも言葉で伝えられない赤ちゃんは大事ということで、「赤ちゃん被災プロジェクト」も構築しています。栄養士会は全国組織ですので、栄養士や管理栄養士等が協力して、災害時には被災者に食事の取り方や提供を支援したり、赤ちゃんに対してもどのように行動をとるのか、平時から取り組んでいるところです。

1日3食食べることの重要性

井林　被災地で炊き出しも行われています。まずは食べることが先決ですが、毎日の食事で栄養のバランスということも大事ですね。今私たちに不足している栄養素というのはどんなものがありますか。

井上　私たち栄養士は「バランスの良い食事」とよく言います。1度の食事ですべての栄養を満たすことはできません。まずは朝と昼と夜というふうに、1日に3回食事をすることが大事です。その中で特に高齢者の方には「タンパク質をしっかり摂ってください」とお伝えしております。そして日本人に足りないのはカルシウムで、女性に足りないのは鉄分、そしてビタミン類も不足気味と言われています。食物繊維も足りません。柔らかい食事が多かったり、野菜が少なかったりで、どうしても食物繊維の不足が現状にあります。

井林　どうしても野菜を避けてしまう癖があるんですよね。小さい時に親から「野菜を食べなさい」と言われましたけど。

井上　カロリーは足りているけれど、栄養が足りていないということはけっこうあると思います。最近は便利さを求めて、カップラーメンで食事を済ませてしまうことが多いです。これにおにぎりではなく野菜サラダを添えていただければ、食物繊維やビタミンが摂れると思います。

井林　やはり3食食べるということが、バランスをとる上で重要なのですね。なるほどだと思います。井上さんには次回もご出演いただき、お話をお伺いしようと思います。

川根茶を飲み続けて40年

（2023年12月20日放送）

井林　おはようございます。井林たつのりのスマイルメッセージです。前回、前々回に引き続き、日本栄養士連盟の井上幸子会長にお越しいただいています。井上さん、よろしくお願いします。

井上　おはようございます。よろしくお願いします。

井林　前回と前々回では、母胎にいる時から栄養を考えなければならないという点、バランスの良い食事のためには1日3回食べなければならないということについてお話しいただきました。今回は井上さんの静岡県に対する印象を伺いたいと思いますが、特に川根に対して強い思いを持っていらっしゃるということで、よろしくお願いします。

井上　そうなんですよ。実は静岡の川根のお茶を飲み続けて40年になるのです。

井林　素晴らしいですね！

井上　個人的ないきさつなのですが、義理の兄が川根のお茶を見つけてその美味しさに感動して、新茶が出ると私たちにも送ってくれるようになったのです。この度、井林先生からラジオ番組に出演するお話をいただいた時、お茶の袋を確認しましたら、まさに産地が選挙区なんですね。川根茶を最初に飲んだ時、その香りのよさに感動しました。そしてカテキンの渋みとアミノ酸の甘味のバランスが絶妙なんですね。それからずっと飲み続けています。また私が学校に勤務していた時ですが、食育として日本の文化を伝えたいと思い、その教材として選んだのがお茶でした。しかしお茶を淹《い》れようと急須を出した時、子どもたちは「それは何か」と聞いてきました。急須だけではなく、やかんも知らないというのです。よくよく考えたら、最近ではお茶といえばもっぱらペットボトルに入っているもので、わざわざ淹れたりしないのですね。だから本当のお茶の美味しさを伝えたくて、お茶の指導をしました。また意図的に蓋付きのお茶碗を準備しました。お茶碗の糸尻《いとじり》には意味があること、蓋を開ける時に斜めにして、水滴を落とすというマナーなど、子どもたちに伝えました。子どもたちが家に帰り、「お茶が飲みたい」と言うと、お母さんたちが驚いて学校に問い合わせてこられたこともありました。お茶は日本文化であり、遺産でもありますので、静岡の川根のお茶を世界に広げていただきたいと思っています。

静岡県の栄養士会が先頭に立つ

井林　素晴らしいですね。東京の方が川根茶を40年も飲んでいただいているだけでなく、なんとその方が栄養士の団体のトップを務めていらっしゃるのですから、すごいことですよ。栄養士の皆さん、ぜひ栄養士連盟に入ってくださいね。川根のお茶を応援してくださっている方を支えていきましょう。

栄養士の先生から「川根茶は美味しい」と言われると茶農家の皆さんやお茶関係のお仕事をされている方は本当に嬉しいと思います。ところで静岡県内の栄養士会、栄養士連盟の活動はいかがでしょうか。

井上　それが素晴らしいんですよ。鈴木眞理子支部長さんが先頭に立っていて、昨年の自民党の広報紙の1ページに栄養士連盟の掲載された新聞を、県内の栄養士さん全員に配っていただき、周知してくださいました。私たちの要望をしっかりと受け止める先生を応援したいと、支部長さんが一番思っています。これからも地元の栄養士会、栄養士連盟は井林先生をしっかりと応援していくと思いますので、よろしくお願いします。

井林　この広報紙の掲載の件は、私が一昨年に党本部の新聞局の役員をしていた時、「頑張れ自治体」という連載があまり読まれていなかったので、団体に変えたらどうかと提案して始まった企画です。今も続いているようで、しかもそれを配っていただいたということで、感謝の気持ちでいっぱいです。私たちも栄養士会さん、栄養士連盟さんをはじめ、各団体さんを応援しています。それでは井上さんから静岡の皆さんへのメッセージをお願いします。

井上　私は全国の栄養士連盟団体の本部におりますが、活動の要は支部であり、国会議員の先生と連携して要望に取り組んでいる支部は一番大事です。その支部がしっかりしているのが静岡県だと理解していますので、これからも頑張って先生方の支援をいただけると思います。

井林　ありがとうございます。静岡県の栄養士の皆さんに対する井上会長からの激励でした。井上さん、ありがとうございました。

guest

末武晃《すえたけあきら》氏

全国郵便局長会　会長

2024.1.31, 2.7, 2.21

セブンイレブンより数が多い郵便局

（2024年1月31日放送）

井林　おはようございます。井林たつのりのスマイルメッセージです。今日のゲストは全国郵便局長会の末武晃会長です。末武さん、よろしくお願いします。

末武氏（以下、敬称略）　よろしくお願いします。

井林　全国郵便局長会はよく全特と言われますが、どういう団体なのかを教えてください。

末武　全国郵便局長会は郵便局長の集まりと思われるかもしれませんが、実は郵便局は全国で2万4000局あります。そのうち4000局は日本郵便株式会社が仕事を外部に委託する簡易郵便局で、それ以外の2万局が日本郵便株式会社が直営しています。そのうちの規模の大きな1000局はかつて普通郵便局と呼ばれたもので、それ以外の比較的規模の小さい1万9000局を特定郵便局と呼ばれていました。その特定郵便局だった郵便局の局長が集まった組織が全国郵便局長会です。

井林　普通郵便局と特定郵便局の違いというのは、不在連絡票が残されたゆうパックを取りに行くのが普通郵便局で、そうではないのが特定郵便局ではないかと推測していますが、郵便局の数はセブンイレブンより多いんですね。しかも全国にあまねくあります。全国郵便局長会は何を課題とし、取り組んでいらっしゃるのですか。

末武　私たちの目的は大きくふたつあります。ひとつは郵政事業の発展への寄与で、もうひとつは地域社会発展への寄与です。私たちは地域の発展がなくては郵便局はありえないと思っています。たとえば町内会の役員になって、地域のために汗をかき、あるいはＰＴＡの役員や民生委員、保護司、消防団員などの活動に積極的に取り組んでいます。そしてそのようなお手伝いを通じて、とにかく地域を盛り上げようということです。その中で地方は少子高齢化・過疎化が進み、個人商店や学校、診療所やガソリンスタンドなどもなくなっている中で、何をすべきかということが大きな課題となっています。

井林　様々な地域で役割に取り組んでいらっしゃると思いますが、足かせになる制度などはありませんか。

コスト削減より利用者優先の郵便局へ

末武　足かせではないかもしれませんが、日本郵政グループとしては郵便局のネットワークを守るというスタンスですので、郵便局をなくさないためには、支出をとにかく抑える方針です。支出を抑えるためにはまず、人件費を抑える必要があります。現在の郵便局は少人数の構成ですので、これまでのように外に出て様々なお手伝いをすることがしづらくなっている。これが大きな問題です。

井林　郵政民営化はいろんなテーマがありましたが、経営の効率化ではどうしてもそういうところにメスを入れざるをえないのでしょうね。そして地域と一体化する体力も失われているのでしょう。これは政治にも課せられた大きな課題ですね。他方で郵政民営化や道路公団民営化など、大騒ぎで改革を行ってきました。道路公団の民営化は私が国交省にいた時でしたので直撃されましたが。それにしても、民営化になって思っていたことと違う結果になったのは、振替の手数料の問題ですね。

末武　これまでの郵便振替は料金受取人負担の場合、手数料が無料でしたが、今は加算料金110円かかります。しかし同じ用紙をコンビニに持っていくと、手数料はかからない。郵便振替は郵貯の決裁手段なのに、これはおかしいということで、私たちはゆうちょ銀行に強く申し入れを続けてきました。やっと理解されたのか、110円がかからなくなるはずです(2024年1月22日に廃止)。そもそもゆうちょ銀行がなぜ手数料をとるようになったのかというと、やはり経営が苦しく、収益が少ないからです。日本の人口がこれだけ少なくなると、郵便や貯金、簡易保険の取り扱いも減少し、収入も減っていく。そうした中で郵便局のネットワークを維持するために、大きな視野で考えなければいけない問題ですね。

井林　郵政民営化の時は、これから便利になり、サービスが良くなり、手数料も安くなると誰もが信じていましたが、蓋を開けると制度のひずみが生じてしまったということですね。全国郵便局長会さんからもご意見をいただき、政治も真剣に取り組む必要があります。もっとも郵政民営化をやった2007年と現在とでは、地域の疲弊感が違いますしね。我々も郵便をどのように大事に守っていくか、真剣に考えなければなりません。それでは次回も末武さんにご出演いただきますので、よろしくお願いします。

郵政民営化で不便になった？

（2024年2月7日放送）

井林　おはようございます。井林たつのりのスマイルメッセージです。前回に引き続き、全国郵便局長会の末武晃会長にお話をお伺いします。末武さん、よろしくお願いします。

末武　よろしくお願いします。

井林　今回は郵政民営化をしたら、どんどんサービスが良くなり、便利になると思っていたら、そうではない、世の中はそう上手くいかないということについてお話を伺おうと思います。というのも私の経験ですが、地元の事務所に郵便局長さんたちが要望に来られた時、帰りにレターパックを持っていってもらおうと思ったら、今は違法だからできないというんですね。

末武　郵政省、郵政事業庁などの時には、そういうことも可能でした。しかし井林先生がおっしゃるように、郵政民営化でそれができなくなったんですね。本当は民営化すれば何でもできてバラ色の将来が待っていると言われていましたが、いろいろと不便なことが出ています。私自身もジレンマを抱えている状況です。

井林　地域に結びついているのなら、何かのついでに気軽にやってもらうサービスがあってもいいのではないかと思います。民生委員などをやっていると、お年寄りからいろいろと用事を頼まれることもあります。突き詰めると難しい問題ですが、政治としてなんとかできないかなと思います。

末武　問題点を捉えていただくのは、大変ありがたい話です。私たちも地域に出ていきながら、ちょっとした用事を頼まれても、それを受けることができないというジレンマを抱えています。特に郵便物を持って帰れないというのは、どう考えてもおかしいですので、井林先生にはぜひともお力をお貸しいただきたいと思います。

井林　他方で、マイナンバーカードの登録は郵便局でもできるようになっているということですが。

様々なサービスの提供を目指す

末武　郵便局では申請手続きとともに、役場とリモートでつなげるということで本人確認までできるようになりました。もう役場に行かなくてもマイナンバーカードを郵送で受け取ることができます。マイナンバーカードは5年ごとに手続きが必要ですが、郵便局でワンストップで手続きが完了します。そういうところでご利用いただければと思います。

井林　マイナンバーカードは作っていただきたいですし、保険証との一体化の問題もあります。郵便局の窓口で作れるということになると、かなり郵便局が身近になりますね。ところで手数料はどうなるのですか。

末武　お客様から手数料をいただくことはありません。

井林　無料ということですので、ぜひマイナンバーカードを作っていただいて、普及にご協力いただきたいと思います。他にも様々な取り組みがあるということで、郵便局が変わっていく様をご紹介いただけるとありがたいのですが。

末武　意外と思われるかもしれませんが、千葉県長生郡睦沢町《ちょうせいぐんむつざわまち》の睦沢郵便局では干し芋を作ってゆうパックなどで販売しています。これまで郵便と貯金と保険しかなかった郵便局ですが、前回の放送でもお話しした通り、商店やガソリンスタンドなどがなくなり、過疎化が進む地域社会で、郵便局がなんでもできるという組織になりたいと思っています。たとえば石川県七尾市花園町の南大呑《みなみおおのみ》郵便局では、オンラインによる診察を受けることも可能です。これまではお医者さんの診察を受けるには、遠くの病院まで往復しなければなりませんでしたが、郵便局の中にブースを作り、お医者さんとリモートでつないで診察を受け、薬も郵送されるという実験をしています（２０２３年11月15日から２０２４年2月16日までの間の実証実験）。このように皆さんの生活にお役立ていただけるように、いろんなやり方を考えています。

井林　オンライン診療を郵便局で受けられるというのは、なかなか画期的ですね。高齢者の中には病院まで行くのは大変だけど、最寄りの郵便局までは行ける方はかなりいらっしゃるんじゃないですか。特にお医者さんが少ない地域で取り組んでいただければと思います。これは民営化の良い点での取り組みだと思います。次回も末武さんにご登場いただき、お話をお伺いします。

まずは人手不足の解消を

（2024年2月21日放送）

井林　おはようございます。井林たつのりのスマイルメッセージです。今回も全国郵便局長会の末武晃会長にご出演いただいております。末武さん、よろしくお願いします。

末武　よろしくお願いします。

井林　私の手元に令和5年10月12日付の郵政民営化委員会による「郵政民営化に関する意見募集の結果」があります。この中に要員不足が問題になっていて、職員の昼休みがとれないなど、2024年から本格実施となる働き方改革の観点から大変だなと思うところがあります。対策として本社や支社からの応援なども書かれていますが、切実な声としてどうなのですか。

末武　どこの郵便局も人手が足りません。第1回目の放送で全国で郵便局が2万4000局あるとお話ししましたが、へき地や離島まで全国津々浦々ある郵便局の中には、収益から見て赤字のところも存在します。一方で民間になったので収益を上げるため、人件費を削ろうとする会社の方針も理解できないわけではありません。しかしそうはいっても、昼休みもとれない郵便局も存在していますから、それをうまく回していくためには、支社や本社の人にも現場に出てきてもらうという方法も提案させていただいております。

井林　人件費を削減すれば、どうしても現場で働く人にしわ寄せがきてしまいます。その方がやりやすいからそうなるのでしょうが、現場の人がお昼休みを取らせないように民営化したわけではないので、本社も管理部門も含めて、みんなが均等に負担をわかちあえるように頑張っていただければと思います。今はキャッシュレスの時代ですが、未だ現金も使っていますし、振込も行っているので、ＡＴＭを使います。実は郵貯のＡＴＭは国内のほぼ全ての金融機関とつながっていて、これらの金融機関のカードでも使えるのですね。しかも郵便局の数はセブンイレブンより多く、過疎地にもあります。これは何重にも便利だということですね。新しい発見でした。最後に末武さんには静岡県に対するイメージを教えていただきたいと思います。

富士山がよく見える席をとって、萩と東京を往復する

末武　静岡県といえばなんといっても、一番は富士山ですね。あの美しい富士山を見ると、自分も日本人なんだとしみじみと実感します。実は私は山口県の萩市に住んでいて、月に東京に飛行機で6、7往復しているのですが、席はもちろん富士山がよく見えるところに取ります。だから静岡県といえばやはり富士山かなと思いますが、それだけではなく、静岡県は気候が温暖だと聞いていますし、みかんやお茶、カツオやマグロといった美味しい食べ物も豊富です。富士宮焼きそばも一度は食べてみ

たい。そう思って今回は出演させていただいています。

井林　静岡県の郵便局長会の皆さん、末武会長に富士宮やきそばをゆうパックで送ってあげてください。

末武　（笑）。

井林　なんといっても富士宮焼きそばはＢ級グルメの誇りですからね。それでは静岡県の皆さんに対するメッセージをお願いします。

末武　静岡県は気候は温暖で、豊かな地域だというイメージがありますが、特に私のような山口県萩市という日本海側に住んでいる人間から見れば、特に冬は羨ましいと思います。これからも郵便局は地域がなければありえません。そういう思いで活動しておりますので、ぜひとも応援していただければ幸いです。よろしくお願いします。

井林　ありがとうございます。郵政民営化という大きな出来事を経験して10年以上もたちますが、我々が期待している役割、そしてその効果があったのかどうか。これは政治も積極的に取り組んでいくことだと思います。末武さん、どうもありがとうございました。

guest

神《じん》出《で》元《げん》一《いち》氏

全国農業協同組合連合会　代表理事理事長（当時）

2018.5.30, 6.6, 6.20

日本の食を担う全農の役割

（2018年5月30日放送）

井林　おはようございます。井林たつのりのスマイルメッセージです。本日は全国農業協同組合連合会の神出元一代表理事理事長にお話をお伺いします。神出さん、よろしくお願いします。

神出氏（以下、敬称略）　よろしくお願いします。

井林　全国農業協同組合連合会は全国組織の農協ですが、実際には何をしていらっしゃるのですか。

神出　地域の農協の経済事業、すなわち肥料や農薬、そして農業機械を農家の皆さんに販売し、農家の皆さんが作ったお米やお茶、畜産物などを市場に販売するといった活動をするという仕事をしています。

井林　農協には金融機関としての機能と肥料や農薬などの供給機能、そして農機具を直したり、またファーマーズマーケットといった地域に密着した販売所といった機能もあります。この番組の収録日では、島田で新茶の初取引が行われました。お茶は地元の基幹作物ですので、神出さんにも美味しい新茶を味わっていただこうと、今年の一番茶を持ってまいりました。どうぞ召し上がってください。

神出　（一口すすり）本当に美味しいですね。

井林　ありがとうございます。お茶はやはり日本人の心ですから、しっかりと地域の農業が続いていくよう頑張っていきたいと思います。

農業改革が喫緊の課題

神出　我々も日本の農業のために、まずは生産資材などのコストをいかに下げるか、農産物、畜産物をいかに高く売るかという点で頑張っております。そのためにはこれまでの経済事業のやり方を抜本的に見直し、新しい事業方式を構築して成果を出すつもりです。もっとも全農がすべてをすることはできません。各地域の農協と連携し、農家組合員に我々の考えをしっかりとお伝えし、結集していただく必要があります。さしあたって肥料の銘柄を思い切って集約し、ロットを大きくしてメーカーに入札をかけたところ、今春の肥料は最大3割の引き下げが実現できました。現在は生産者の方に配送をかけているところです。農機具についても、価格の引き下げに取り組んでいます。特に60馬力中心の大型トラクターについては仕様をシンプルにするとともに、農家の皆さんの要望を農機メーカーに伝え、この夏までに価格を決めていきたいと思っています。

井林　要するに農協改革というのがずいぶん言われてきましたが、農家のための農協ということですね。まずは肥料とか農薬を安くし、生産物はなるべく高く売れるように努力していく。それを決断していただいているのが全農です。私も驚いたのですが、かつて農協で取り扱っていた肥料は４００銘柄もあったのですね。価格もホームセンターより高いという話も聞きましたが、それを10銘柄程度に絞り、大きくコスト削減が実現した。次は農機具でコスト削減を実現しようということですが、どのくらい安くしたいと思われていますか。

神出　集中購買をかけているので、少なくとも2割か3割くらいは安くしたいですね。それには全国の農家の皆さんに結集いただき、我々も頑張っていきたいと思います。

井林　農協はもともとは農家の集まりですから、原点回帰といいますか、生産者のための組織活動ということをやっていこうということですね。3割も安くなるのは素晴らしいことですので、さらに進めていただきたいです。こちらの名産のお茶は、たくさんの肥料が必要ですから。そうした組織改革の中で、外部の人を入れるという話も出ていますが、どんな方が入ってきていらっしゃるのですか。

神出　特に大手企業の経営トップを経験された方々を招へいしています。たとえばトヨタ、三越伊勢丹やセブン&アイグループなどから来ていただいております。特に販売部門では、そういう経験のある方に売り方の工夫についてアドバイスをいただいております。

井林　外部から人材を入れるのは議論があったと思いますが、お話を聞いていると、そういう外から見るということや、風通しを良くするということが重要なのですね。ぜひ前向きに進めていただいて、「さらに良いものをもっと安く美味しく食べる」という消費者にとって一番大事な方向に向いていただければと思います。神出さんには次回もご出演いただき、お話をお伺いします。ありがとうございました。

食の変化に合わせた取り組み

（2018年6月6日放送）

井林　おはようございます。井林たつのりのスマイルメッセージです。本日も全国農業協同組合連合会の神出元一代表理事理事長のお話をお伺いします。神出さん、よろしくお願いします。

神出　よろしくお願いします。

井林　前回の放送で、全農もトヨタやセブン&アイ・ホールディングスなど外部から人材を登用し、販売についてもいろいろと努力をされているということでしたが、具体的にどういうことをしていらっしゃいますか。

神出　たとえば昨年9月には、イトーヨーカ堂の社長だった戸井和久さんをヘッドにして、これまで縦割りで硬直的だった販売事業の構造を変え、消費者に直販するなどの方式にしようということで、営業開発部というセクションを立ち上げました。そこで戸井さんのもとですべての商品を横断的に対応するチームを作りました。そしてこれまでのような「買ってください」ということではなく、相手のニーズを聞き、こちらから商品・物流・売り場を提案するというビジネスモデルに変えています。これは大変反響が大きく、そういう要望を生産地にもフィードバックして、消費地との間を全農がきちんと取り持つといった営業形態になりつつあります。それには背景がありまして、総菜市場がここ

10年で2兆円ほど伸びて9兆円市場になっています。特にコンビニやスーパーでも総菜の売り場が広くなっており、しかも美味しくなっています。

井林　そうなんですよ。私も選挙などで手早く食事をすませる時、コンビニで売られている総菜を利用するのですが、大変美味しくなっていると感じました。

神出　ここ5、6年で様変わりしています。

井林　もうひとつビックリしたのは、化粧品や薬を売っていると思っていたドラッグストアで食品が一番売れていることです。確かにカップ麺や牛乳などを置いていますが、全体の売り上げの26％も占めていますね。

神出　特にお米や卵、加工品などが一定の値段で売られています。ドラッグストアから見ても、お客さんのついで買いも期待できますし、医薬品や化粧品といった商品全体のボリュームの中で食品を置くコストパフォーマンスも良いので、売り場も大きくなっていますね。下手したら他の食品スーパーよりも売れているかもしれません。

井林　確かにそうですね。売れているから、食品が置かれるのですね。パールライスや青果、卵、ミート、チキンなどをパッケージで売っていこうということですね。いろいろと取り組んでいらっしゃいますが、農業のメインのお米についてはどんな取り組みが行われていますか。

神出　お米の場合は、家で炊いて食べるという家庭内の消費の部分よりも、中食《なかしょく》や外食での消費がかなり伸びています。我々としてはもちろん、消費者の皆さんがスーパーなどお店でお米を買って家で食べていただきたいのですが、外食や中食についても、値ごろ感や食味も考えていかなければいけません。ですから、お寿司の場合はこういうお米、おにぎりの場合はこういう米というふうにお米に付加価値を付け、産地とも連携しつつ、値ごろ感を出す取り組みをしています。

井林　私が小学生だった1985年には、家でご飯を食べるのが6割くらいですね。それが今ではパックご飯やコンビニのおにぎりなど、「中食」といわれるのが6割くらいになっていて、こうした変化にも対応されているというわけですね。また大手の回転寿司店とも連携をとっているとのことですが、先ほどお伺いしたら、海外展開の際には日本文化の宣伝も含めて美味しいお米を提供するということで、素晴らしい取り組みだと思いました。もうひとつ、野菜についてお伺いします。私たちの地域だと、レタスや大根などを栽培していますが、これも変わってきているというお話ですが。

リレー生産・リレー出荷で国産野菜を切らすな

神出　いわゆる青果物でも、家庭で調理して食べるというよりも、外食や中食での消費が伸びています。そしてサラダの売り上げがものすごく伸びていますから、そういうところにターゲットを絞らなければいけません。大事なことは供給を切らさないように、周年供給ができる体制を作ることです。たとえば各産地がリレー出荷を行い、データに基づいてこの時期にはこの産地、次の時期はあの産地というふうにやっていくことが大事です。

井林　私たちの地域でも、何月から何月までにこのくらいのレタスを作り、出荷するということが決まっていて、大根もそうですが、そうやって農家さんに生産していただいています。逆を言えば、全農がもっと売り込んでいただければ、レタス農家さんなどは若い人が多いので、そういう人たちが生産規模を大きくしたり、新規参入を図ることができると思います。また同じ作物でも他の産地との協力が必要ということですので、ライバル関係ではなく、ぜひ一緒にやっていきたいですね。

神出　特にカット野菜ではレタスの需要がものすごく多く、ここを切らしてしまうと輸入野菜に入り込まれてしまいます。それを止める意味でも、全国のリレー生産・リレー出荷の調整と旗振り役を全農でやらせていただきたいと思っています。

井林　レタスの購入金額の伸びがすごいですね。2000年に東京で1世帯あたり年間3843円だったのが、現在では6800円。7000円近くもレタスを買っているのですね。

神出　そうです。今では単なる野菜サラダだけではなく、野菜をベースにローストビーフを付け加えたり、魚のマリネを入れたり、あるいはシリアルやクレープなども入れています。「パワーサラダ」などと名付けられ、これを食べれば一日の野菜が摂れると、女性に大変人気があります。消費者の嗜好や食のスタイルも変わってきていますので、私たちもそれに合わせて青果の作り方などを変えていくつもりです。

井林　話は盛り上がってきましたが、神出さんには次回もご出演いただき、お話をお伺いしたいと思います。神出さん、ありがとうございました。

多彩な作物生産で「静岡発の物語」を

(2018年6月20日放送)

井林 おはようございます。井林たつのりのスマイルメッセージです。本日も全国農業協同組合連合会の神出元一代表理事理事長にご出演いただいております。神出さん、よろしくお願いします。

神出 よろしくお願いします。

井林 今回は神出さんが静岡県に対して抱いていらっしゃる印象とか、心に残る出来事などをお話しいただければと思います。

神出 静岡県といえばまず日照時間が長く、これは全国で2番目か3番目ではないでしょうか。それゆえ、食材の宝庫です。ありとあらゆる農産物が生産され、かつ気候も温暖で素晴らしい。ぜひ静岡県を中核にして、国産の農産物の基地になってもらいたいですね。北海道から九州まで、厳しい気候の農産地がありますが、静岡県はベスト3に入るのではないでしょうか。それに加えて、お茶の生産では日本有数で、みかんの生産もあり、野菜もいろいろ作られています。全国のトップクラスの産品がかなりありますよね。それから花にしても野菜にしても、少量多品目のものもあれば、一定のロットもあるので、なんとかうまく「静岡発の物語」を作っていただきたいです。またリレー出荷をやる一方で、新しい農産物の開発などに取り組んでいただきたい。静岡県ならそれができると期待しています。

井林　神出さんから大変お誉めの言葉をいただいたのですが、静岡の農業といえば、特に島田市ではやはりお茶ですね。その他にも全国上位の生産を誇るのは、ワサビやガーベラ、そしてみかんやチンゲン菜、セロリなどもあるのですね。これは大消費地である東京や名古屋に近いということもあるのでしょうが、そうした利点を上手く利用してこうした作物が多いのでしょうね。

神出　地域の生産振興策やマーケットに基いて行っていただいているのですが、一番の問題は人手不足です。外国人実習生の方々の労働力のみを頼りにするわけにはいきませんので、私たちのグループの中でも働き手や担い手を育てているのですが、規模拡大のために都道府県や業種を越えて、うまくマッチングできないかなと思っています。静岡の場合は工場地帯と商業地帯と農業地帯があり、それぞれの繁忙期が違えば、労働者の融通ができないかなどと思っています。そうしたところに手を打たないと、せっかくいいものができる条件が整っているのに、耕作放棄地が増えるなど生産力が落ちてしまいます。これだけは抜本的に頑張っていかなければならないと考えています。

海外市場への売り込み

井林　確かに静岡県の主要作物はお米とは異なり、小ロットで多品種栽培です。一方で農作業のピークは決まっているので、いろんなところと連携をとりながら、人手不足を解消していかないといけませんね。また私が個人的に考えていますのは、人材供給源としての農業高校の役割です。普通高校に転換したところも多いですが、そこのところを頑張っていただければ、大変ありがたいと思います。ここでお伺いしたいのですが、農協のいろんな取り組みの中で、もちろん稲作が中心でしょうが、お茶やみかんなどの作物まで展開されるつもりですか。

神出　お茶は産地があって全農のかかわりはやや薄いのですが、これからはお茶も含めて果実果樹の生産振興を行わないと、生産力が落ちています。それから輸出では日本の果物やお茶は外国でとても人気があり、伸びる余地は大きいので、それにも注力していきたいと思っています。

井林　輸出という点では、静岡の経済連はこのたびシンガポールに販売所を開設しました。全農は？

神出　全農は香港に現地法人を作りましたし、台湾でも開設します。

井林　そういうところで上手く連携していただき、最後は地域のそれぞれの部分で外国の方にも協力していただければ、日本の農業振興につながっていくのではないでしょうか。農業改革では、自民党の中でもいろいろありました。だからこそぜひ成功していただき、5年、10年後になって生産者と消費者がともに良かったと思えることが重要だと思います。最後に神出さんから静岡県の皆さんにメッセージをいただけますでしょうか。

神出　静岡県はもちろん富士山があり、みかんもお茶もあって食べ物も美味しく、またいろんな観光地もあって、まさに日本の中核といえます。ですから明るく元気を出して、いろんな発信をしていただきたいですね。静岡が元気になると、日本もきっと元気になってきますよ。私たちも全力で応援しますので、よろしくお願いします。

井林　ありがとうございます。最後は日本のためにも静岡に頑張れという、大変温かい声をいただきました。全国農業協同組合連合会の神出元一代表理事理事長にご出演いただきました。神出さん、ありがとうございました。

おわりに～内閣府副大臣として、そしてこれからの日本と静岡へ

2023年9月14日夜、私の携帯電話に見知らぬ番号が表示されました。出ると、官邸から「内閣府副大臣に内定しました。おめでとうございます。明日の午後2時過ぎに、官邸に集まってください」という連絡でした。

しかも4人いる内閣府副大臣の筆頭格とのことで、その重責に身が引き締まる思いと同時に、「よし、これからバリバリ働くぞ」と、全身に力がみなぎってくるのを感じました。

内閣府は、各省庁から一段高い立場で内閣の重要政策に関する企画立案・総合調整を行う機関です。内閣府では内閣総理大臣や内閣官房長官の他、総理大臣がリーダーシップを発揮できるように補佐する特命担当大臣が設置されています。そうした大臣の命を受け、内閣府副大臣は政策および企画を司《つかさど》り、政務を処理する役割を担います。

私が担当しているのは、①金融・経済財政政策・税制調査会に関する事務、②経済再生、新しい資本主義、スタートアップ政策、新型インフルエンザ等対策特別措置法、感染症危機管理、全世代型社会保障改革、TPP、日EU・EPA及び日米貿易委協定の国内対策に関する総合調整、③グローバル・スタートアップ・キャンパス構想推進、海外ビジネス投資支援に関する事務など16分野にわたり幅広いです。

経済財政諮問《しもん》会議を中心とした経済財政を担当するとともに、時の政権の重要課題を担ってきたのが、私が担当する分野です（新型コロナ対策が皆さまには伝わりやすい例でしょうか）。ですので、私のポストのラインは、内閣における政調会長の役割だと思います。内閣の方針のもとに、各省の政策を束ね優先順位を付け、進捗をハンドリングしていくことが求められています。

また経済政策担当副大臣として、日本銀行の金融政策決定会合に政府を代表して出席しています。現在の日銀総裁は静岡県牧之原《まきのはら》市出身の植田和夫氏で、10年間にわたってアベノミクスを支えてこられた黒田東彦《はるひこ》氏の後任です。植田氏は「新しい資本主義」を標榜する岸田文雄首相のもとでマイナス金利時代に終止符を打ち、イールドカーブコントロール（長短金利操作）政策の廃止などを打ち出しておられます。近代国家において中央銀行の独立は重要です。しかし、政府の経済財政政策と日銀の金融政策は車の両輪です。独立はバラバラではありません。政府・日銀の連携が取れるように、政府の立場を踏まえ、決定会合では発言をしています。

ところで「金融庁の仕事や、政策のとりまとめの仕事では、静岡県に貢献できないのではないか？井林の掲げる初心とは違うのではないか？」というご指摘をいただくかもしれませんが少し違うと思います。

たとえば静岡県は、認定NPO法人ふるさと回帰支援センターの相談者が選んだ移住希望地ランキングで、2020年、2021年、2022年、2023年と4年連続で全国1位となっています。

この結果は、静岡県が東京や名古屋のような大都市に近いために利便性に優れている他、温暖な気候や美しい自然に恵まれ、美味しく新鮮な魚介類や野菜や果物が手に入りやすいことが大きな魅力であることを意味します。とりわけ現役からリタイアした人たちにとって、静岡県はまさに暮らしやすい場所と言えるでしょう。

そこで、こうしたシニア層の人たちが経済的に安定した生活を送れるように、資産や年金の運用・相談を充実させるべきですが、それを大都市の大手銀行や大手証券会社ばかりではなく、積極的に地元の金融機関や資産運用会社に任せるスキームを作っていきたいと考えています。たとえば60歳以上のシニア層が保有する金融資産は約1200兆円で、金融資産全体の6割を超えています。大都市圏で働き一定の資産を持ち、静岡に帰ってきたいシニア層の資産運用は新しいビジネス分野です。また、政府の資産運用立国は年金も対象にしています。加入者本位の年金運用を求めていくアセットオーナープリンシプルは政策の大きな柱です。年金の中には地方公務員の年金もあります。加入者本位の運用は、単に運用するだけでなく地域の独自性も求められるはずです。これこそ、地域の独自性が活かせる地方金融機関の出番です。また、静岡県ぐらい大きな県であれば、参入規制緩和を行った資産運用会社の出番も考えられます。こうした分野は、新しい分野であり、大学進学後の魅力ある働き先のひとつになると考えられます。

同時に、本稿執筆時の大きな課題である、円安を緩和することも可能です。

為替相場は２０２４年４月29日と６月26日に１ドル１６０円台を突破しました。大きな原因のひとつは日米の金利差ですが、円安になれば輸出が増え貿易黒字が拡大するとともに経済が成長し、自然と円高に転換するというのがこれまでの経済モデルでした。しかし、過去の経済摩擦の影響で日本の製造業は海外生産を拡大してきたので、円安になっても輸出が増大しない経済構造になっています。その上、企業が海外で稼いだ外貨を国内に戻さず、子会社を通じて利益として保有する「再投資収益」が２０２３年度には10兆５６８７億円にものぼっていることが問題になっています。この数字は10年前の２０１３年度の３倍にもふくれあがっており、中長期的に円安を促進する圧力となりかねません。そして、生活必需品やエネルギーを海外からの輸入に頼っている日本では、円安は生活苦に直結していきます。

この巨額な「再投資収益」については、「海外の稼ぎが必ずしも日本国内への投資につながらず、実質賃金を上昇させていない」との批判がありますが、一方では株主配当などで企業が円を必要とする場合も少なくなく、「リパトリ減税」（海外の内部留保を円に交換する「リパトリエーション」を実施する企業に対する減税措置）を実施することで、問題を解消しようという動きがあります。製造業が盛んな静岡県だからこそ対応が必要ですし、私は政府税制調査会の事務も担当していました。これまで、政府税制調査会の議論は財務省・総務省に任せっきりで、ほとんど事務しかやっていませんでした。これでは意味がありません。経済財政担当が税制も大きなグランドデザインを描く必要があると私は思っています。

さらに、「海外からの直接投資を100兆円にする」という大きな目標も、私の担当です。海外からの投資を呼び込むということは、日本企業の海外で得た利益を国内に投資するという流れも必然的に生み出しています。

また、海外からの直接投資100兆円は大都市圏だけでは不可能です。地方も巻き込んだ仕掛けが必要ですし、そこに優秀な若い人たちが就職先として地方を選択する。その先頭に、静岡県が立っている——そんな政策を実現していきたいと思っています。

静岡県だけが日本ではありません。しかし、静岡県は東海道沿線から伊豆半島・川根筋・天竜と中山間地域や半島地域を抱えていて、まさに日本の縮図のような県です。故郷のための政策は必ずや、日本全体を良くすることにつながると確信していますし、日本のための政策は必ずや静岡県を良くすることにつながると確信しています。

おばあちゃんの足をさすってあげる。そんな光景が日本全国で見られる社会を目指して。

令和6年9月吉日　内閣府副大臣　衆議院議員　井林たつのり

井林たつのりのスマイルメッセージ
静岡県の活力再生プラン

著者 井林たつのり

2024年9月25日 初版発行

装　　丁 村田江美
校　　正 大熊真一（編集室ロスタイム）
構　　成 安積明子
編集協力 菅野 徹
編　　集 岩尾雅彦／中野賢也（ワニブックス）

発 行 者 高橋明男
発 行 所 株式会社ワニブックス
〒150-8482
東京都渋谷区恵比寿4-4-9えびす大黒ビル
ワニブックスHP http://www.wani.co.jp/
（お問い合わせはメールで受け付けております。
HPより「お問い合わせ」へお進みください）
※内容によりましてはお答えできない場合がございます。

印 刷 所 株式会社 光邦
D T P mint design
製 本 所 ナショナル製本

ISBN 978-4-8470-7495-0